Uma Consciência
Feminista: Rosario Castellanos

Coleção Debates
Dirigida por J. Guinsburg

Equipe de realização — Tradução: Suzana Vargas, Felipe Fortuna, Maria Aparecida da Silva e Sônia Coutinho; Revisão e Produção; Plínio Martins Filho; Capa: Moysés Baumstein e J. Guinsburg.

beth miller
UMA CONSCIÊNCIA FEMINISTA: ROSÁRIO CASTELLANOS

EDITORA PERSPECTIVA

Copyright © Editora Perspectiva, 1987.

Direitos em língua portuguesa reservados à
EDITORA PERSPECTIVA S.A.
Av. Brigadeiro Luís Antônio, 3025
01401 — São Paulo — SP — Brasil
Telefones: 885-8388/885-6878
1987

SUMÁRIO

Rosario Castellanos: Linguagem e Identidade —
Bella Jozef 7
1. O Feminismo Poetizado 23
2. Aspectos Técnicos e Teóricos da Poesia de Castellanos 39
3. História e Ficção em *Oficio de Tinieblas* 51
4. A Mulher da Pequena Burguesia Provinciana 65
5. Um Ideal Anacrônico de Realização Pessoal 79
6. Os Ensaios: Para um Autoconhecimento 93

ROSARIO CASTELLANOS: LINGUAGEM E IDENTIDADE *
Bella Jozef

Há vários anos acompanho com grande interesse o que Beth Miller, professora de Literatura Hispano-Americana da University of Southern California escreve. Sei de suas aulas, conferências e pesquisas. Andou por Chiapas, pela Cidade do México e refez o roteiro existencial de Rosario Castellanos.

O livro de Beth Miller, agora publicado no Brasil, esmiúça a concepção de feminista e de intelectual de Rosario Castellanos. No momento em que cresce cada vez mais

---

* Retomo, neste prefácio, parte de um trabalho de minha autoria: "Rosario Castellanos: O Resgate dos Mitos Eternos", Separata de *Cuadernos de Jerusalém* (2-3): 41-44, Jerusalém, Instituto Central de Relaciones Culturales Israel-Iberoamérica, España y Portugal, novembro de 1975. Republicado em *O Jogo Mágico*, Rio de Janeiro, José Olympio Editora, 1980, pp. 121-127.

o interesse pela produção da escritora mexicana, lança nova luz sobre o texto e a história de sua conscientização como mulher e escritora. Procura demonstrar, graças a uma análise do contexto sócio-político e histórico-cultural, como se dão as preocupações ideológicas do pensamento de Rosario Castellanos e que levam a uma autodefinição artística.

A investigação bibliográfica fundamentada em postulados teóricos de I. A. Richards e Antonio Gramsci evidencia a leitura cuidadosa de toda a obra de Rosario Castellanos (apenas deixou de fora as obras indigenistas e o teatro), criando uma empatia com a escritora, o que acrescenta uma dimensão emocional à pesquisa.

Dividido em seis capítulos, examina o feminismo de Castellanos, sobretudo em sua poesia e tenta captar a metáfora e o *tom*, isto é, o arranjo de estilo e da seleção de conteúdo para atingir o leitor. A seguir, analisa os contos principalmente *Album de Familia* (para entender seus métodos de crítica social e examinar aspectos relevantes de seu pensamento), o romance *Oficio de Tinieblas* e os ensaios.

Com Rosario Castellanos começa a literatura da mulher mexicana, ao fazer da condição de mulher e de mexicana a linha central de sua obra. Ao dizer-se, definiu muitas mulheres de destino idêntico.

Descobre que sua condição de oprimida era a mesma de todas as mulheres, impotentes diante da imposição de certos padrões rígidos de conduta, subjugadas por tradições caducas e tabus de uma sociedade conservadora[1]. Decide retratar essas vidas e delinear essas figuras, o universo da mulher e seus conflitos interiores, sua carência de vida própria, a vida como uma forma de morte.

Seu caminho, o da denúncia através da literatura. Busca os valores de um ser sem identidade:

Escribo porque yo, un día, adolescente
Me incliné ante un espejo y no había nadie.

Desenvolve uma problemática que se enquadra como possibilidade de transformar uma realidade alienada onde a rebelião e a violência se estruturam em dinâmica complexa:

---

1. Veja-se as lúcidas observações do Dr. Julian Palley sobre a cultura dominante falocêntrica mexicana, em: ROSARIO CASTELLANOS, *Meditación en el Umbral*. Antologia Poética, org. por JULIÁN PALLEY, México, FCE, 1985, p. 39.

como se a mulher quisesse romper o casulo em que a encerraram e estabelecer diálogo com o mundo. A possibilidade de ser mulher mexicana corresponderia, também, à de um ser humano livre.

Em seu ensaio "La Mujer y su Imagen", Rosario Castellanos analisa o estereótipo feminino:

> Acusou-se as mulheres de hipócritas e a acusação não é infundada. Mas a hipocrisia é a resposta que o oprimido dá a seus opressores, que os débeis respondem aos fortes, que os subordinados devolvem ao amo. A hipocrisia é... um reflexo condicionado de defesa — como a mudança de cor no camaleão — quando os perigos são muitos e as opções são poucas[2].

A necessidade de desmascarar a relação de conflito homem/mulher, mostrando uma cultura de preconceitos, é um de seus principais temas.

Nascida na Cidade do México, em 1925, passou a infância em Chiapas, numa propriedade paterna, onde cresceu totalmente afastada do universo exterior e onde sua consciência se abriu ao mundo, dividida entre dois conceitos mágicos: o da religião católica e o dos mitos degradados dos índios, o vínculo com a Terra e seus deuses. "Para conjurar os fantasmas que me rodeavam", dirá mais tarde, "só tive a meu alcance a linguagem". Sussurrar a origem, — eis o sentido de suas palavras. "O resgate das coisas do naufrágio que é o tempo, o esquecimento e a morte, para dotá-las de uma espécie de eternidade".

Nessa linguagem, embora além dela também, está o mito. Com esse "instrumento mágico"[3], Rosario formaliza um modo de pensamento, que gera seu próprio mundo significativo. Como um modo de crítica à sociedade ocidental, o sistema de signos que é o mito correspondente a um contexto social determinado. O real pode, então, converter-se em objeto de captação intelectual e tornar-se visível.

Quando seu único irmão perdeu a vida num acidente, o pai repartiu as terras entre os índios, segundo estabelecia a reforma agrária mexicana, e a família foi para a Capital. Ali, Rosario estudou filosofia e literatura na Universidade Nacional Autônoma, onde posteriormente foi professora.

---

2. ROSARIO CASTELLANOS, *Mujer que Sabe Latín...*, México, Sepsetentas, 1973, p. 25.

3. CLAUDE LÉVI-STRAUSS, *El Pensamiento Salvaje*, México, Fondo de Cultura Econômica, 1964, p. 139.

Pertence à geração de Jaime Sabines, Luisa Josefina Hernández, Jaime García Terrés, Rubén Bonifaz Nuño e Carlos Fuentes.

Começou escrevendo poesia, reunidos no volume *Poesía no Eres Tú* (1972). Acreditava que "as palavras poéticas constituem o único modo de alcançar o permanente neste mundo"[4]. E também: "cheguei à poesia após convencer-me que os outros caminhos não são válidos para sobreviver". Vivia a poesia como um ofício "com todo o entusiasmo e toda a constância que exige um ofício livremente escolhido. A importância que tem a poesia em si mesma é resgatar as coisas do naufrágio que é o tempo e o esquecimento e a morte, e dotá-las de uma espécie de eternidade ... a poesia é meu intento de ordenar e entender as coisas".

Ao nomear o mundo para conhecê-lo à luz da experiência e da linguagem, pois somos feitos à imagem e concepção da palavra, Rosario Castellanos não se preocupou tanto com a renovação formal como em fazer poesia confessional e de solidariedade humana:

> *Hombre, donde tú estás, donde tú vives,*
> *Permaneceremos todos.*

Para ela, o poema era instrumento verbal que tornava as coisas poeticamente reconciliáveis e lhes dava significado. Sua poesia, direta, coloquial, antimetafórica, cumpriu a ruptura da geração de cinqüenta com o Simbolismo. Sentido rítmico, fluidez, distanciamento, a perspectiva irônica, a preocupação contra a grandiloqüência, o afã da experimentação e a aceitação do desagradável como material poético, fizeram de sua poesia alguma coisa de bastante pessoal.

Seus poemas não adquirem apenas unidade na base de pertencerem a um mesmo autor: em seus momentos poéticos, principalmente nas últimas obras, a imaginação se liberta, até tocar os bordos da fantasia; chega à conclusão que só a imaginação cria.

Descobre a linguagem mais apropriada a seu discurso poético. Como assinala Beth Miller[5], encontra espaço

> para uma série de fatos e artefatos da vida dos sessenta em nosso século — o impacto do Relatório Kinsey, a pílula anticoncep-

---

4. EMMANUEL CARBALLO, *Diecinueve Protagonistas de la Literatura Mexicana del Siglo XX*, México, Empresas Edit. S.A., 1965, p.

5. BETH MILLER, *Rosario Castellanos: Una Conciencia Feminista en México*, Universidad Autónoma de Chiapas, 1983, p. 37.

cional ou tranqüilizantes, a influência dos meios de comunicação operando sobre as massas através da personagem célebre, a telenovela, a tremenda supressão armada e matança de estudantes universitários na Cidade do México, a 2 de outubro de 1968; e em meio de tudo o par de ovos à mexicana ao mesmo tempo que as preocupações humanas mais abstratas e profundas: amor, morte, solidão, injustiça.

Procura o objeto significativo, ligando-se às coisas do ponto de vista emotivo e considerando-as possíveis de contemplação estética e, ao mesmo tempo, como em *Lívida Luz*, reflexão sobre o mundo, lugar de luta, em que se está comprometido.

Também considera a inteligência um elemento que não pode nem deve faltar na poesia, para refrear a emoção.

Por um lado, escrevia sobre os problemas mais trágicos e dolorosos da literatura mexicana, e, por outro, apresentava-se sob um aspecto gentil e risonho, de humor inesgotável e lucidez, uma presença mágica a que a palavra cálida, porém firme, não emprestava nenhuma modéstia fácil mas um modo autêntico de ser.

Na tese de mestrado em Filosofia, defende a existência de uma cultura feminina, concluindo que o mundo da cultura pertence aos homens. Mostra os aspectos negativos da assim chamada feminilidade. Conclui que os homens criam a cultura para perpetuar-se e que as mulheres se transcendem através da maternidade. Seu volume *Mujer que Sabe Latín*... reflete a atividade em prol da igualdade de direitos da mulher. Mostra-a, através dos séculos, numa história de submissão, musa sem personalidade. Mas o livro é também um estudo sobre a presença de notáveis escritoras na literatura ocidental, de Soror Juana Inés de la Cruz a Clarice Lispector, passando por Simone Weil, Simone de Beauvoir e Silvina Ocampo, além de personagens literárias, arquétipos e estereótipos. Corresponde à segunda etapa de seu desenvolvimento conceitual sobre o problema da identidade feminina. Considera a criação cultural como a justificativa para a existência, tanto feminina quanto masculina.

Isto confirma que Rosario Castellanos, como assinala Beth Miller, leu outras mulheres[6]. Seus ensaios foram reunidos em *Juicios Sumarios* (1966), *Mujer que Sabe Latín* (1973), *El Uso de la Palabra* (1974) e *El Mar y sus Pescaditos* (1975). Do Brasil, Clarice Lispector, a quem considera, junto com Dinah Silveira de Queiroz "uma das gran-

---

6. *Ibid*, p. 25.

des narradoras em língua portuguesa de nossos dias"[7]. Rosario realiza uma análise profunda de *A Paixão Segundo G.H.* Parte das palavras da narradora e vai dialogando com ela, explicando que afinidade é muito mais do que influência; evidentemente o que se dá entre a escritora mexicana e a brasileira.

Rosario Castellanos sublinha em Clarice a memória ancestral, gradual e penosa do eu. A mulher que se aprofunda no nível abissal, ao que quase nunca chegam as palavras, para desencadear a força da verdade.

A alma angustiada e trágica de Clarice, sua prosa empapada de palavras e ânsias, que se deixa conduzir pelo inconsciente impregna de subjetivismo a narrativa[8]. Mas é um subjetivismo todo especial: o da busca do eu e de sua profunda intimidade, em vez de falar diretamente de um "eu" superficial ou de algum estado de espírito. Ainda outro traço que as une, a necessidade de escrever. Diz Clarice: "para fazer existir e existir-me" (*Um Sopro de Vida*); diz Rosario que escreve para encontrar-se, na luta contra a solidão. Rosario detém-se em *A Paixão Segundo G.H.* que considera o encontro do ser humano consigo mesmo[9]. G.H. questiona sua vida, avança com suas dúvidas e medos. É a voz de uma mulher angustiada por uma obsessão interrogativa cuja finalidade ignora, embora a reconheça como inerente a seu próprio ser. É o monólogo de uma mulher a sós com um desafio íntimo, que quer criar e entender (já que ambos são sinônimos), para sentir a identidade das coisas.

A influência de Simone Weil foi muito grande. Ela oferece, dentro da vida social, uma série de constantes que determinam a atitude dos submetidos diante dos submetedores, o tratamento dos poderosos junto aos fracos. Em Simone de Beauvoir, assinala a não existência de Deus, "y para colmo era una especie de premio de consolación para la mujer, sumisa al decreto de inferioridad que habían dictado los hombres" (*Juicios Sumarios*, p. 237).

7. ROSARIO CASTELLANOS, *Op. cit.*, p. 128.

8. BELLA JOZEF, "Clarice Lispector: La Recuperación de la Palabra Poética", Separata da *Revista Iberoamericana*, (126): 239-257, Pittsburgh, Instituto Internacional de Literatura Ibero-Americana, jan.-mar. 1984.

9. *Ibid.* p. 244.

Falando especificamente sobre a escritora da América Latina, dizia Rosario:

— Quando uma mulher latino-americana toma entre suas mãos a literatura, ela o faz com um gesto e uma intenção semelhantes àqueles que faz ao tomar um espelho para contemplar a própria imagem. Elas parecem ter descoberto, antes de Robbe-Grillet, que o universo é superfície. E se é, devemos poli-la, para que percamos a vontade de procurar o que está mais além, por trás do pano de fundo. O maravilhoso e o terrível não se refugiam no extraordinário, mas permanecem ocultos no imediato, aguardando um olhar atento que os descubra, uma palavra exata que os revele.

Ela achava que o escritor latino-americano, mais do que qualquer outro, precisa criar uma linguagem nova. Essa necessidade surgiu da evolução de um quadro histórico muito particular:

— A chegada dos conquistadores espanhóis reduziu a diversidade dos dialetos pré-colombianos à unidade do idioma castelhano. Passado o primeiro impacto, as coisas foram-se colocando na hierarquia devida: o índio na submissão, o mestiço na terra-de-ninguém do conflito, o *criollo* no ócio, o peninsular no Poder. O importante era ostentar signos de distinção que evidenciassem o lugar na sociedade. Falar era exibir os tesouros que possuía. Aos monólogos enfáticos, correspondia o costume de calar. As palavras gastaram-se, cada uma delas adquiriu muitas vozes. É preciso submetê-las a um banho de pureza para que recuperem a sua virgindade. Hoje, os mais jovens estão tentando converter a linguagem literária. Com isso, correm o perigo de ficar no meramente coloquial. Mas os que têm talento, irão superar essa limitação.

Para Rosario Castellanos, "escrever é dar forma ao caos, uma interpretação ao obscuro. Escrever é transformar o temeroso em legítimo, o gratuito em necessário. Escrever é nascer de novo, em um mundo inocente, transpassado de beleza, onde o amor não é tristeza"[10]. Através de esforço e perseverança, afirma, o artista transforma o caos em Cosmo. A poesia, entendida como profissão, é tentativa de aclarar as coisas, ordená-las e entendê-las. "Fazer poesia, como viver religiosamente, é tornar a entrar em contato com aquilo de que nos segregamos."

O ato de escrever situa-se, para Rosario, ao nível do instinto. A importância concedida à intuição, para um conhecimento profundo, configura uma consciência mítica, na medida em que corresponde "ao pleno exercício da imaginação, órgão de consciência criadora e de reconhecimento

10. ROSARIO CASTELLANOS, *Op. cit.*, p. 72.

do domínio humano"[11]. A faculdade intuitiva permite o conhecimento dos estratos não sensíveis nem logicamente explicáveis da realidade, uma intuição criadora em seus diversos níveis, de cuja existência só pode dar fé o exercício daquela. A apreensão do mundo de Rosario Castellanos, apreensão nunca passiva mas sempre mediada pela espontaneidade enformadora de sua mente, organiza-se, assim, na base de certas intuições fundamentais, configurando uma forma de pensamento genuíno. Essa consciência mítica, eixo das significações culturais, fundamenta sua obra, através dos símbolos e mitos que afirmam a presença de um plano inespacial e intemporal diante do qual se projeta a vida concreta a que aquele serve de referência. Desta maneira, a tradição mítica que serviu de base a sucessivas reelaborações poéticas, percorre como um fio de Ariadne (expressão de Matila Ghyka) a história do Ocidente e manifesta-se a cada passo no campo da literatura.

O conceito de romance, para Rosario, baseava-se em Thomas Mann, um de seus autores prediletos: "aspiração ao conhecimento lúcido". Encontra relações de causa e efeito nos fenômenos, o espaço é uma das categorias de pensamento e mostra o mundo presidido por deidades caprichosas que "soluçam em nossas mitologias". Como romancista, incorpora-se à tradição indigenista mexicana, originária em Martín Luís Guzmán e Mariano Azuela, que culmina na obra de Juan Rulfo. Deu novo sentido a essa tradição, derivada, até então, da noção européia do bom selvagem. Mostrou, inclusive, como a miséria atrofiou as melhores qualidades dos índios. Rosario Castellanos traz uma visão que é fruto de experiência direta, analisando o lado dramático do problema do índio. O indígena, segundo nos dizia, foi, para ela, inicialmente, uma parte da paisagem; depois, deu-se conta de que era a base de sua importância, como classe social e a contrapartida do sentimento de superioridade. Com a reforma agrária, ruiu o mundo eterno que havia habitado, até que veio a tomada de consciência, um desejo de resgatar a culpa que sentia. Resolve trabalhar no Instituto Nacional Indigenista e escrever obras de ficção, recordando acontecimentos da infância: *Balún-Canán* (1957), *Ciudad Real* (1960) e *Oficio de Tinieblas* (1962). Posteriormente, *Album de Família* (1971).

11. GEORGES GUSDORF, "Mythe, poésie et vérité", *La Poésie et le Mythe*. Bruxelas, 1962.

No processo literário de Rosario Castellanos há uma trajetória autobiográfica, embora a escritora não acredite que "os estados de espírito sejam válidos; pelo fato de serem fugazes, variáveis, não os considero como elementos que aspirem à permanência, que é o que pretende a poesia"[12].

O que Rosario Castellanos quis dizer é que a experiência pessoal deve ser resgatada do fluir da realidade. Chegou, assim, ao romance recordando fatos da infância. Pela literatura evadiu-se da solidão e sentiu-se solidária com os demais. O elemento social entra em sua obra, como o âmbito em que "o profeta se define, se compreende e se expressa"[13], pois

> ... Con el Otro
> la humanidad, el diálogo, la poesía, comienzan.

Em seus romances rompe, ainda, com uma tradição de pessimismo cultural e de paternalismo, não se acomodando a uma história sancionada oficialmente. A perspectiva histórica permite, inicialmente, maior coerência e verossimilhança ao discurso narrativo.

A dimensão espacial não é o meio em que se dispõem as ordens das coisas, a paisagem nem o mundo das personagens, mas o meio pelo qual sua posição e seu significado se tornam possíveis.

Escrita do espaço que se desliza sob sua experiência, memória e indagação. No espaço dos ritos familiares, as cerimônias gastas e os cultos cotidianos oscilam, em tensão entre a imobilidade e o discorrer invisível dos fantasmas que convocam seu cenário.

O relato estabelece as formas de posse do espaço na recordação e a recordação do espaço na escrita que o acolhe. A partir da perspectiva espacial, o narrador aproxima-se dos territórios da recordação, a escrita descobre descrevendo.

Na mútua correspondência entre o processo da realidade social e a individual, em busca do significado, fez de seu romance um instrumento de captação da realidade para expressá-la, dar-lhe sentido e perdurabilidade.

12. EMMANUEL CARBALLO, Op. cit., p. 45.

13. ROSARIO CASTELLANOS, Op. cit. p. 203.

Em *Balún-Canán*, sua solidão e a falta de reconhecimento da mulher na sociedade mexicana confere um artigo de 27.06.71:

> a unidade desses livros é constituída pela persistência recorrente de certas figuras; a menina abandonada, a adolescente encerrada, a solteirona vencida, a casada frustrada. Não há outra opção. Dentro desses marcos estabelece ciclos, sim, a fuga, a loucura, a morte.

Marcado pelo sincretismo de culturas, o mundo cristão e o indígena.

Oficio de Tinieblas, seu melhor romance, narra a trágica rebelião de Chiapas dos anos trinta, ocorrida com a visita de Cárdenas. A narradora transfere os acontecimentos históricos do levantamento dos índios chamulas, em San Cristóbal (1869). Este fato culminou, segundo palavra da autora, com a crucificação de um destes índios, que os amotinados proclamaram como o Cristo indígena. Inventa, assim, um novo mito. Mostra o ponto de vista do índio e do branco, a luta entre os deuses de ambos, a incomunicação e o desencanto. De ritmo lento, o protagonista é o próprio conflito. Numa diversidade de planos e pluralidade de técnicas narrativas apresenta uma visão panorâmica do problema. O ponto alto é o capítulo XXXIII que descreve o sincretismo dos ritos indígenas e cristãos. A ação se desenrola no ambiente mágico do choque de duas culturas, a dos espanhóis e a do povo tzotzil do Vale de Chamula. A narradora capta a psicologia das personagens, dá antecedentes de suas vidas, mas não consegue ser fiel à história. Por isso, transporta para a época de Cárdenas, que conhecia melhor, quando se vai efetuar a reforma agrária de Chiapas. O tempo circular, aparentemente estático, não constitui duração irreversível. Esta "procura do tempo perdido" é a procura da verdade, do tempo original, que engloba todos os demais. As palavras deixam de ser signos para participar das próprias coisas e fazer surgir nova realidade. A linguagem é o romance. Cumpre função primordial no contexto da obra, como elemento interno da estrutura. Diante do conflito eu/mundo e dos enunciados que calam, a palavra é a única possibilidade de ser. O índio só pode existir na enunciação de sua experiência, ao assumir um lugar no discurso cultural, mas para isso tem de rejeitar sua própria humanização, sair de seu *habitat*. Pela recusa da linguagem, entra nela:

Porque nada significa lo que ha sucedido si las palabras no le dan forma[14].

14. ROSARIO CASTELLANOS, *Oficio de Tinieblas*, México Joaquín Mortiz, 1962, p. 324.

De posse da palavra, preenche um vazio ético provocado pelo desenraizamento e pela busca da identidade:

y basta una brizna de hierba para colmar el vacío del universo[15].

Na tensão memória/esperança, não mais os tradicionais dualismos temáticos campo/cidade, branco/índio. O índio Pedro,

salvaguardó su alma del poder de los extranjeros, dejó almargen de este trato lo más profundo y verdadero de su ser[16].

Entre seus volumes de contos, *Album de Familia* (1971) representa o ponto alto, tratando de temas como o da identidade feminina, ou melhor, da luta entre vida e racionalização, da impossibilidade de síntese entre os contrários.

A fé no poder das palavras, como assinalou Octavio Paz, é reminiscência de antiga crença em que as palavras são *dobles* do mundo exterior e, portanto, uma parte animada dele.

Nesse regresso às raízes poéticas da literatura, através da linguagem, Rosario Castellanos cria uma convenção representativa da realidade "que pretende ser totalizante enquanto inventa uma segunda realidade, uma realidade paralela, finalmente, um espaço para o real"[17]. Mediante processos cognoscitivos, o homem viu-se reduzido ao conhecimento estritamente empírico. Esta redução do conhecimento alienou o homem, impossibilitou a interpretação da totalidade do real e impôs seu descentramento. Atualmente, o homem descentrado fundamenta todo um questionamento da própria criação literária e da própria realidade, através da fundação do mundo pela palavra poética, ou seja, a constituição de signos novos que autentiquem a realidade americana. A antiga literatura naturalista, que se queria documento, deu lugar ao romance plurissignificativo e ambíguo, que se questiona ao nível da escritura, num afã de totalização. Diante de um estranhamento da realidade, a visão mágica transcenderá os limites do empírico, abrindo-se a possibilidade da reintegração na ordem da natureza. O poeta, através da intuição, procura captar a realidade ao nível do ser. Abandonado o predomínio da razão, a forma será utilizada

---

15. *Ibid.*, p. 320.
16. *Ibid.*, p. 51.
17. CARLOS FUENTES, *La Nueva Novela Hispanoamericana*, México, Cuadernos de Joaquín Mortiz, 1969, p. 19.

para atingir a supra-realidade, o transempírico. Ao determinar verbalmente o que é a intuição presente, o poeta passa a possuir esta realidade, porque nomear é aprisionar. Ou, segundo Cortázar:

> O nome verdadeiro, oculto (esse que todo escritor persegue embora não o saiba), dá a posse da própria coisa[18].

No rompimento com as estruturas mentais da tradição espanhola, Rosario Castellanos, assim como Miguel Ángel Asturias e José María Arguedas, parte do mito "ser sem tempo" para chegar ao presente, à procura do sentido do homem e do universo[19].

Uma das personagens de Ulalume Gonzáles de León recebe de um duende uma lição: "Praticarás uma vez mais teu exercício de esquecimento, substituindo coisas por ecos das coisas, mais vivos que as próprias coisas". Sempre nos faltou, observa Rosario, o sentido da história. Padecemos de falta de continuidade. Queremos registrar um passado que negamos, necessitamos construir um passado para possuir um futuro. Para Rosario,

> no passado se aprofundam e alimentam nossas raízes. Muitos de nossos atos, muitos de nossos costumes só se implicam quando recordamos. A memória é temporalidade ordenada e definida através da linguagem. Só assim o núcleo humano adquire perspectivas de nação em que pulsa a história de toda a humanidade.

Rosario Castellanos dá voz ao silêncio, como porta-voz diante dos acontecimentos:

> *El papel del intelectual debe ser no sólo de testigo, sino un papel activo de persona que comprende más o menos lo que ocurre y que lo interpreta con armas intelectuales*[20].

Reconstrói uma imagem ideologicamente unificada e projeta dentro dela a profundidade de uma análise concreta, historiador e escritor unificados, entre o fatual e a ficção.

Sua necessidade de atuar contra a injustiça, sua sensibilidade diante do sofrimento a faz sentir-se culpada ao

---

18. JULIO CORTAZAR, *Valise de Cronópio*, São Paulo, Perspectiva, 1974, p. 61.

19. BELLA JOZEF, *O Espaço Reconquistado*, Petrópolis, Vozes, 1974, p. 34.

20. NAHUM MEGGED, *Rosario Castellanos, Un Largo Camino a la Ironía*, México, El Colegio de México, 1984, p. 232.

ver o indígena exilado em sua própria terra. Identifica-se com Simone Weil quando diz: "A espada da injustiça é uma espada de duas pontas e fere tanto ao que a empunha como ao que se encontra no extremo contrário".

Suas personagens também a fazem saber mais de si mesma, participando com elas do mistério da vida.

A vida se resolve numa metamorfose última, a morte, aquele momento esperado desde a infância, num prenúncio fatal, e no poema "De la Vigilia Estéril":

> *Yo no voy a morir de enfermedad*
> *ni de vejez de angustia o de cansancio...*
> ....
> *ya no tengo más fuego que el de esta ciega lámpara*
> *que camina tanteando, pegada a la pared.*
> *Si muriera esta noche*
> *sería solo como abrir la mano*
> *como cuando los niños la abren ante su madre,*
> *para mostrarla limpia, limpia de tan vacía.*

Morte não temida, o inevitável e a libertação, aceitação e recusa. Deus ou destino. "O instinto de viver e o de Tânatos, deixar de viver", convivem inseparáveis em sua obra.

Observou, várias vezes, que a literatura mexicana estava impregnada de morte. A conclusão que tirou dessa observação encaminhou-a não para o sofrimento, mas para a ironia:

— O gosto do mexicano pela morte explica-se pelo fato de que, para os povos pré-históricos importava mais a maneira como se morre do que a maneira como se vive. Octavio Paz disse, certa vez, que "nossa morte ilumina nossa vida, nossas representações populares são sempre burla da vida, afirmação do nada, da insignificância da existência humana". E ainda: "A morte é um espelho que reflete as vãs gesticulações da vida". Se Octavio Paz tem razão, por que não rir da morte? Rir de algo é uma forma simbólica de colocar-se fora do alcance desse algo, é também um modo de acrescentarmos um pouco ao nosso grau de liberdade: "... la risa, ya lo sabemos, es el primer testimonio de la libertad"[21]. O homem, diz em um de seus poemas, "no es el animal que rí sino el que hace reir: a Dios, a la naturaleza y a uno que otro entomólogo" (*yet-set*).

21. ROSARIO CASTELLANOS, *Mujer que Sabe Latín...*, México, Sepsetentas, 1973, p. 207.

Essa declaração é importante, pois foi, de fato, na contemplação irônica da vida que Rosario Castellanos encontrou o instrumento de sua vitória na luta contra a solidão. Sua aproximação ao outro. O humor libertou-a, mas também a fez voltar a elementos tão importantes em sua vida "como o crer, a magia, as idéias que a razão recusa e a vida aceita e exige"[22]. Ela concebia o mundo como obstáculo em que cada indivíduo é encerrado em si mesmo. E é por isso que não há diálogos em suas obras romanescas, mesmo quando, seguindo de forma muito pessoal a tradição indigenista, aborda o lado dramático do problema do índio. Rosario nunca se deixou atrair pela análise psicológica nem pelo quadro de costumes em que geralmente naufragam os livros escritos por mulheres. Mas também não se preocupou demasiado com a renovação formal, nem com a confissão, nem com o gesto claro de solidariedade. Seus últimos versos mostram, através do despojamento, uma consciência que extirpou a dor e a contempla de fora. Com ironia.

Rosario Castellanos morreu no dia 7 de agosto de 1974, em Tel Aviv, vítima da descarga elétrica de uma lâmpada. Em Israel, prestaram grandes homenagens àquela que havia sido Embaixadora do México e participante de todas as atividades do país, a que dedicou seu interesse e seu amor. Uma série de artigos publicados no *Excélsior* relatam essa experiência.

Rosario Castellanos sorri e conversa. Olha-nos com seus intensos olhos negros. Presença lúcida. Uma forma de ser suave e serena. Frágil na aparência, intensa em sua obra literária, em seus artigos no *Excélsior*. Dedica-se ao ensino na Universidade Hebraica de Jerusalém. Vem assistir às minhas aulas. O México fala por sua voz, as mulheres mexicanas — personagens de ficção e seres de carne e osso — vivem por suas palavras.

Impõe-se deveres: de embaixadora, de escritora. Transmite e analisa a essência do ser mexicano. Samuel Ramos e Octavio Paz, sempre presentes.

Autêntica. Aberta. Consciente. Solidária, procurando

> *otro modo de ser.*
> *otro modo de ser humano y libre*

22. NAHUM MEGGED, *Op. cit.*, p. 259.

Texto evocativo, cerimônia onde resolveu, conjugando-se, o espaço da recordação e esta — a recordação — no espaço de sua escrita. Escrita que se assume sem temor.

Diálogo de solidão, monólogo da evocação, ajuste de contas implacável com a nostalgia, ajuste de contas consigo mesma, desejando chegar à correspondência entre a fragilidade de sua condição e a tarefa humana, uma nova dimensão da paixão.

Mediadora do invisível, como um "halo de luz", vida e arte portadoras de luminosidade que transcende a morte, deixou sua marca, em todos nós, que compartilhamos do que dizia ser a época mais feliz de sua vida. Tão intensamente breve.

1. O FEMINISMO POETIZADO

Em todos os debates sobre as escritoras mexicanas, é sempre lugar-comum iniciar-se mencionando a freira jerônima Juana Inés de la Cruz, autora do século dezessete, para terminar recordando Rosario Castellanos, escritora do século vinte. Depois de haver homenageado a Soror Juana, quisera aludir ao fato de que a arbitrariedade é notória, já que quase nada existe de comum entre elas. Enquanto Soror Juana é uma escritora marcadamente individualista, Castellanos, ao contrário, costuma ver seus problemas pessoais no âmbito social, identifica suas vivências pessoais com experiências gerais da condição da mulher através da história e entende que o papel sexual é significativo, tanto política quanto culturalmente[1].

1. Ver o ensaio de CASTELLANOS, "Otra vez Sor Juana", em *El Uso de la Palabra*, México, Editores Mexicanos Unidos, 1982, pp. 23-27.

Castellanos sofreu, desde a mais tenra infância, por sua dupla condição de mulher e mexicana. Ela mesma confessa com ironia:

> Tive um irmão menor do que eu. Nasceu dono de um privilégio que ninguém lhe disputaria: ser homem. Mas para manter um certo equilíbrio em nossas relações, nossos pais lembravam que a primogenitura havia recaído sobre mim. E que se ele agradava pela sua simpatia, pelo seu desembaraço, sua inteligência e docilidade de caráter, eu, em troca, possuía a pela mais branca[2].

Quando Castellanos, em seu poema "Malinche", abraça tradições literárias, acrescenta dimensões culturais a sua personagem, ao mesmo tempo que a universaliza. Deste modo, a personagem de Malinche é utilizada pela escritora para transmitir o testemunho da índia, o da própria Castellanos, assim como a condição da mulher desde a perspectiva histórica. A Malinche deixa, então, de ser simplesmente uma mulher-mito para refletir uma herança em linha materna, de desprezo e encoberta competência e um legado paterno de abandono e alienação. A procura da identidade da Malinche não é a de um ser dividido, mas a de um estrangeiro, de uma pessoa deslocada que deseja compreender seus direitos de nascença, achar um sentido de enraizamento na língua e no passado, encontrar nestes elementos uma fonte de valor e um caminho até o mundo confuso:

MALINCHE

Desde el sillón de mando mi madre dijo: "Ha muerto".
Y se dejó caer, como abatida,
en los brazos del otro, usurpador, padrastro
que la sostuvo no con el respeto
que el siervo da a la majestad de reina
sino con ese abajamiento mutuo
en que se humillan ambos, los amantes, los cómplices.

Desde la Plaza de los Intercambios
mi madre anunció: "Ha muerto".

La balanza
se sostuve un instante sin moverse
y el grano de cacao quedó quieto en la arca
y el sol permaneció en la mitad del cielo
como aguardando un signo
que fue, cuando partió como una flecha,
el ay agudo de las plañideras.

2. *Los Narradores ante el Público*, México, Joaquín Mortiz, 1966, v. I, p. 89.

*"Se deshojó la flor de muchos pétalos,
se vaporó el perfume
se consumió la llama de la antorcha.*

*Una niña regresa, escarbando, al lugar
en el que la partera depositó su ombligo.*

Regresa al Sitio de los que Vivieron.

*Reconoce a su padre asesinado,
ay, ay, ay, con veneno, con puñal
con trampa ante sus pies, con lazo de horca.*

Se toman de la mano y caminan, caminan perdiéndose en la niebla".

*Tal era el llanto y las lamentaciones
sobre algún cuerpo anónimo; un cadáver
que no era el mío porque yo, vendida
a mercaderes, iba como esclava,
como nadie, al destierro.*

*Arrojada, expulsada
del reino, del palacio y de la entraña tibia
de la que me dio a luz en tálamo legítimo
y que me aborrecía porque yo era su igual
en figura y en rango
y se contempló en mí y odió su imagen
y destrozó el espejo contra el suelo.*

*Yo avanzo hacia el destino entre cadenas
y dejo atrás lo que todavía escucho:
los fúnebres rumores con los que se me entierra.*

*Y la voz de mi madre con lágrimas   con lágrimas!
que decreta mi muerte.*

"MALINCHE"

[Desde seu lugar de mando minha mãe disse uma vez: "Morreu".
E deixou-se cair, como abatida,
nos braços do outro, usurpador, padrasto
que a amparou não com o respeito
que o servo dá à majestade da rainha
mas sim com este rebaixamento mútuo
no qual se humilham ambos, os amantes, os cúmplices.

Da Plaza de los Intercambios
minha mãe anunciou: "Morreu".

A balança
susteve-se um momento sem mover-se
e o grão de cacau ficou quieto numa arca
e o sol permaneceu na metade do céu
como aguardando um sinal
que foi, quando partiu como uma flecha,
o ai agudo das carpideiras.

25

"Desfolhou-se a flor de muitas pétalas
evaporou-se o perfume
consumiu-se a chama de uma tocha.

Uma menina regressa, movendo-se; ao lugar
onde a parteira deixou o seu umbigo.

Regressa ao Local Daqueles que Viveram.

Reconhece seu pai assassinado
ai, ai, ai, com veneno, com punhal,
com ardil em seus pés, com laço de forca.

Dão-se as mãos e caminham, caminham perdendo-se na névoa".

Tal era o pranto e as lamentações
sobre algum corpo anônimo, um cadáver
que não era o meu porque eu, vendida
aos mercadores, ia como escrava,
como ninguém, ao desterro.

Arrastada, expulsa
do reino, do palácio e da entranha tíbia
da que me deu à luz em tálamo legítimo
e que se aborrecia porque eu era sua igual
em aparência e qualidade
e contemplou-se em mim e odiou a sua imagem
e destruiu o espelho contra o chão.

Eu avanço até o destino acorrentada
e deixo atrás o que ainda escuto:
os fúnebres rumores com os quais me enterram.

A voz de minha mãe com lágrimas — com lágrimas!
decreta minha morte[3].

Castellanos é perita em fazer declarações políticas através de alusões literárias e monólogos dramáticos. Malinche/Electra não é a Mulher, mas uma mulher com cujos sofrimentos Castellanos se identifica. Semelhantemente, em "Lamentación de Dido", as recordações da infância são bastante abstratas e impessoais para evocar experiências generalizadas do tempo perdido, de capacidades não aproveitadas e de uma vida tediosa:

Deste modo transcorreu minha mocidade; no cumprimento das miúdas tarefas domésticas; na celebração dos rituais cotidianos; na assistência aos solenes acontecimentos civis (p. 93).

3. ROSARIO CASTELLANOS, *Poesía no Eres Tú*, México, Fondo de Cultura Econômica, 1972, pp. 295-297. Todas as citações de sua obra poética vão se referir, neste capítulo, a esta edição sob a forma abreviada de *Poesía*.

Novamente as figuras literárias, históricas ou legendárias recriadas são veículos para conectar experiências pessoais e realidade social.

Como Alfonsina Storni, Rosário Castellanos utiliza situações da vida — nascimento, infância, divórcio — em sua poesia. Da escritora argentina Castellanos aprendeu a usar a ironia com a finalidade de protesto social e em defesa própria. Suas preocupações sociológicas conduzem às vezes, necessariamente, à metáfora moral e à exposição política, como nos poemas "Emblema de Virtuosa" e "Memorial de Tlatelolco", este último sobre a rebelião e a matança estudantil na Cidade do México, em 1968[4].

A imagem da mulher em "Metamorfosis de la Hechicera" é "obediente e triste" e está cheia de astúcia:

Mujer, tuvo sus máscaras y jugaba a engañarse
y a engañar a los otros

[Mulher, teve suas máscaras e brincava de enganar-se
e enganar aos outros] (p. 205).

Num ensaio de militância feminista, "La Mujer y su Imagen", Castellanos analisa este estereótipo em termos políticos:

Acusaram as mulheres de hipócritas e á acusação não é infundada. Mas a hipocrisia é a resposta que aos seus opressores dá o oprimido, com que aos fortes contestam os fracos, que os subordinados devolvem ao amo. A hipocrisia é... um reflexo condicionado de defesa — como a troca de cores no camaleão — quando os perigos são muitos e as opções são poucas[5].

Outro dos "temas feministas" recorrentes na obra de Castellanos, que ela explorou de forma obsessiva, foi a paciência. Tanto quanto se pode considerar a decepção uma arma, a paciência implica em falta de ação, simples passividade:

y el vacío se puebla
de diálogos y hombres inventados.

Y la soltera aguarda, aguarda, aguarda.

[e o vazio se povoa
de diálogos e homens inventados

E a solteira espera, espera, espera][6].

4. ROSARIO CASTELLANOS, "Emblema", pp. 209-10; "Tlatelelco", pp. 297-98; em *Poesía.*
5. ROSARIO CASTELLANOS, *Mujer que Sabe Latín,* México, Secretaria de Educação Pública, 1973, p. 25. Todas as referências a esta obra far-se-ão, neste capítulo, como *Mujer.*
6. "Jornada de la Soltera", *Poesía,* p. 175.

Ambos os temas, a passividade e a decepção, são significativos pela ameaça que estas características tradicionais apresentam à autenticidade pessoal, a uma integração psicológica e, por isso mesmo, a uma dinâmica participação social e política. Castellanos considera as mulheres mesmas como as transmissoras efetivas e as mais pacientes mestras da passividade:

> *Mi madre repetía:*
> *la paciencia es metal que resplandece.*
>
> [Minha mãe repetia:
> a paciência é metal que resplandece][7].

para sua personagem Hécuba, como para Castellanos mesma, a feminilidade chega a ser algo difícil de suportar:

> *Alguien asiste mi agonía. Me hace*
> *beber a sorbos una docilidad difícil.*
>
> [Alguém assiste minha agonia. Me faz
> beber aos goles uma docilidade difícil][8].

Castellanos explica-o eloqüentemente num ensaio:

> A ousadia de indagar sobre si mesma; a necessidade de conscientizar-se a respeito do significado da própria existência corporal ou a inaudita pretensão de conferir um significado para a própria existência espiritual é duramente reprimida e castigada pelo aparelho social. Este determinou, de uma vez por todas, que a única atitude lícita da feminilidade é a espera... Sacrificada, como Ifigenia nos altares patriarcais, a mulher tampouco morre: aguarda[9].

As mulheres de Castellanos sofrem, mas seguidamente a ironia é motivo de salvação. Mesmo em seu próprio caso, o sofrimento foi aprendizagem. Assim nos comunica no poema "Autorretrato": "me ensinaram a chorar". E afirma:

> *Sufro más bien por hábito, por herencia, por no*
> *diferenciarme más de mis congéneres*
> *que por causas concretas.*
>
> [Sofro mais por hábito, por herança, por não
> diferenciar-me mais de meus congêneres
> que por causas concretas] (p. 298).

---

7. "Acción de Gracias", *Poesía*, p. 217.
8. "Testamento de Hécuba", *Poesía*, p. 197.
9. CASTELLANOS, *Mujer*, p. 14.

Também no drama poético *Salomé*, uma mãe diz à sua filha:

> ...Mis hermanas
> tienen su propio infierno.
> Y fui educada para obedecer
> y sufrir en silencio.
>
> [...Minhas irmãs
> possuem seu próprio inferno.
> E fui educada para obedecer
> e sofrer em silêncio][10].

Educam-se as meninas para que sejam como suas mães e a feminilidade se transmite de peito a peito:

> Mi madre en vez de leche
> me dio el sometimiento.
>
> [Minha mãe, em vez de leite,
> me deu a submissão][11].

Em "Lecciones de Cosas", Castellanos faz recair a culpa da educação equivocada das mulheres no sistema patriarcal:

> *Me enseñaron las cosas equivocadamente*
> *los que enseñan las cosas:*
> *los padres, el maestro, el sacerdote*
> *pues me dijeron: tienes que ser buena.*
> *Basta ser bueno. Al bueno se le da*
> *un dulce, una medalla, todo el amor, el cielo*
>
> [Ensinaram-se as coisas equivocadamente
> aqueles que ensinam as coisas:
> os pais, o mestre, o sacerdote
> me disseram: tens que ser boa.
> Basta de ser bom. Ao bom lhes dão
> um doce, uma medalha, todo o amor, o céu] (p. 307).

Castellanos vê estes traços femininos como uma série de constantes no seio da cultura judaico-cristã:

> A mulher forte, que aparece nas Sagradas Escrituras, o é por sua pureza pré-nupcial, por sua fidelidade ao marido, por sua devoção aos filhos, por seu trabalho na casa, por seu cuidado e prudência para administrar um patrimônio que ela não está capa-

---

10. ROSARIO CASTELLANOS, *Salomé y Judith: Poemas Dramáticos*, México, Ed. Jus, 1959, pp. 17-18; *Poesía*, p. 126.

11. *Salomé*, p. 18; *Poesía*, p. 126.

citada para herdar e para possuir. Suas virtudes são a constância, a lealdade, a paciência, a castidade, a submissão, a humildade, o recato, a abnegação, o espírito de sacrifício, o reger todos os seus atos por aquele preceito evangélico segundo o qual os últimos serão os primeiros[12].

Naturalmente, usaram tais virtudes para limitar as oportunidades das mulheres e para mantê-las no lar. A visão empobrecida do mundo reflete-se nos versos famosos de Emily Dickinson, e que Castellanos traduz:

> *Jamás he visto un páramo*
> *y no conozco el mar.*
>
> *(I never saw a moor —*
> *I never saw the Sea —).*
>
> [Jamais vi um deserto
> e não conheço o mar][13].

Castellanos, com inteligência sutil, pode criar uma tragédia usando para isso o material sentimental que se emprega nas radionovelas. No fragmento seguinte, os versos tradicionais, a maioria de sete e onze sílabas, e o vocabulário religioso ajudam-na a sustentar sua própria causa. Seu estilo intencionalmente trilhado — "orgulho supremo", "suprema renúncia" — faz com que a frase final seja nitidamente efetiva:

> *El orgullo supremo es la suprema*
> *renunciación. No quise*
> *ser el astro difunto*
> *que absorbe luz prestada para vivificarse.*
> *Sin nombre, sin recuerdos,*
> *con una desnudez espectral, giro*
> *en una breve órbita doméstica.*
>
> [O orgulho supremo é a suprema
> renúncia. Não quis
> ser um astro defunto
> que absorve luz emprestada para reanimar-se.
> Sem nome, sem lembranças,
> com uma nudez espectral, giro
> em uma breve órbita doméstica][14].

12. CASTELLANOS, *Mujer*, p. 22.
13. "Versiones", *Poesía*, p. 226.
14. "Monólogo de la Extranjera", em *Poesía*, p. 113. Este poema foi publicado pela primeira vez em *México en la Cultura: Novedades,* 9 mar. 1958.

A "órbita doméstica" da experiência de uma índia é comovedora neste "Monólogo de la Extranjera", um dos primeiros e mais conhecidos dos monólogos dramáticos de Castellanos. O poema combina dramaticamente a realidade social e o mito mexicanos:

> Vine de lejos. Olvidé mi patria.
> Ya no entiendo el idioma
> que allá usan de moneda o de herramienta.
>
> Alcancé la mudez mineral de la estatua.
>
> [Vim de longe. Esqueci minha pátria.
> Já não entendo o idioma
> que lá usam de moeda ou ferramenta.
>
> Alcancei a mudez mineral da estátua] (p. 112).

Castellanos explica como as mulheres são convertidas em solteironas pacientes e estátuas silenciosas, também mostra como suas galerias fechadas crêem e criam, ao mesmo tempo, ignorância e trivialidade junto com docilidade e bondade, ensina-se às meninas, desde pequenas, um conjunto de normas dogmáticas muitas das quais tão arbitrárias e sexistas como a "regra de ouro" no poema "Economía Doméstica":

> He aquí la regla de oro, el secreto del orden:
> tener un sitio para cada cosa
> y tener
> cada cosa en su sitio...
>
> [Esta é a regra de ouro, o segredo da ordem:
> ter um lugar para cada coisa
> e ter
> cada coisa em seu lugar...] (p. 301).

Alguma poesia de Castellanos chegou a chamar-se "aberta", quer dizer: que não depende da metáfora. Esta tendência "realista", mais notável em suas últimas obras, possui literariamente um significado e representa a concretização de um rompimento intencional com a tradição simbolista — uma meta muito discutida por seus contemporâneos da geração de 1950[15]. Levando em conta a declaração feminista

---

15. "La Generación de 1950" foi um nome dado às vezes a um grupo de escritores latino-americanos (aqueles que publicaram suas obras na revista *América*), que inclui Emilio Carballido, Ernesto Cardenal, Dolores Castro, Rosario Castellanos, Sergio Galindo, Otto-Raúl González, Miguel Guardia, Luisa Josefina Hernández, Carlos

de Castellanos, esta forma sócio-realista é própria para esta escritora pelas mesmas razões pelas quais faz uso do monólogo dramático e das alusões literárias às mulheres legendárias. Em "Kinsey Report", por exemplo, o tom da voz da mulher é confessional, mas Castellanos alude a uma paródia necessária para representar sua argumentação:

> ...Y un día
> vendrá el Príncipe Azul, porque se lo he rogado
> como un milagro a San Antonio. Entonces
> vamos a ser felices. Enamorados siempre
>
> [...E um dia
> virá o Príncipe Azul, porque o pedi
> como um milagre a Santo Antônio. Então
> vamos ser felizes. Apaixonados sempre (p. 330).

"Mirando a la Gioconda" é, igualmente, de tom burlesco, porém mais aberto como sátira política:

> Si yo fuera Sor Juana
> o la Malinche o, para no salirse del folklore,
> alguna encarnación dela Güera Rodríguez
> (como ves, los extremos, igual que a Gide, me tocan)
> me verías, quizá, como se ve
> al espécimen representativo
> de algún sector social de un país del tercer mundo
>
> [Se eu fosse Soror Juana
> ou a Malinche ou, para não sair do folclore,
> alguma encarnação de Güera Rodríguez
> (como vês, os extremos, como a Gide, também me tocam)
> me crias, talvez, como se vê
> ao espécime representativo
> de algum setor social de um país do terceiro mundo] (p. 335).

Como "espécime do terceiro mundo", Castellanos explora a raiz do *machismo,* o qual, pensa, possui uma dupla raiz. O México, conforme escreve em seu ensaio "La Participación de la Mujer Mexicana en la Educación Formal", é herdeiro não só da cultura européia dos séculos dezesseis e quinze, mas também de uma série de civilizações com selo fortemente patriarcal. A Conquista produziu uma cultura profundamente dividida, na qual "A violência do choque entre vencedores e vencidos chegou também a presidir acasalamentos"[16].

Illescas, Sergio Magaña, Ernesto Mejía Sánchez, Augusto Minterroso, Jaime Sabines. A revista *América* foi editada no México desde o final da década de 1940 até meados da de 1950.

16. CASTELLANOS, *Mujer,* p. 25.

Castellanos foi uma mulher que leu outras mulheres. Ela reconheceu a influência precoce não só de Storni mas de Juana de Ibarbourou e, especialmente, de Gabriela Mistral. Vê-se claramente, por exemplo, a direção anti-simbolista, desde 1959, em poemas como "La Velada del Sapo", cujo animal protagonista recorda o "jardim de poesia" de Marianne Moore com "verdadeiros sapos". Em *Al Pie de la Letra* (1959) e *Lívida Luz* (1960) sua poesia é menos abstrata e artificial, porém socialmente comprometida. Assim, ela vê sua própria evolução: "Entre tantos ecos, começo a reconhecer o da minha própria voz... Três fios para seguir: o humor, a meditação profunda, o contato com a raiz carnal e histórica"[17]. Sua poesia dos anos cinqüenta se beneficia de experiências intermediárias, escrevendo prosa e alguma coisa de suas experiências como Coordenadora no Instituto de Ciências e Artes de Chiapas (1952), no Centro Coordenador do Instituto Indigenista de São Cristóbal de las Casas (1956-57) e no Instituto Indigenista do México (1958-61).

Por volta de 1960, seus valores estéticos haviam mudado e, na sua obra, começou a pensar o mundo "já não como objeto de contemplação estética, mas como lugar de luta com o qual o ser humano está comprometido"[18]. O título do volume de 1960, *Lívida Luz*, é uma lembrança da morte e revela, ao mesmo tempo, uma ênfase na necessidade de escolher e assinalar atos de reconhecimnto através da criação. Assim, se lê em "Destino":

El ciervo va a beber y en al agua aparece el reflejo de un tigre

[O cervo vai beber e na água aparece o reflexo de um tigre] (p. 171).

En la Tierra de en Medio, poemas de 1970 a 1972, possui uma epígrafe de T. S. Eliot: "Humor kind/cannot bear very much reality" (O ser humano/não agüenta muita realidade). Entrelaçada com humor e confiança, a poesia é dura em sua declaração. Isto se anuncia desde o título do primeiro poema: "Bella Dama sin Piedad". É uma poesia lúcida e honesta, às vezes simples demais ("Malinche"). É, no geral, uma poesia aberta (por exemplo, "Autorretrato") e

17. CASTELLANOS, *Mujer,* p. 207.

18. EMMANUEL CARBALLO, *Diecinueve Protagonistas de la Literatura Mexicana del Siglo XX,* México, Empresas Editoriales, 1965, p. 415.

contemporânea ("Valium 10"). Muitos dos monólogos feministas lembram poemas de épocas anteriores tais como "Emblema de la Virtuosa" em *Materia Memorable* (1969) e "Jornada de la Soltera" em *Lívida Luz*. O nome *tierra de en medio* é uma tradução da palavra nahuatl *nepantla*, um conceito que se refere a um lugar não-lugar, o que Castellanos usa como intenção de descrever sua condição espiritual, como escritora do México atual. O uso deste termo aparece anteriormente e serve como pretexto para confirmações: "Mas, aí, como Soror Juana, como os desterrados espanhóis, como tantos mexicanos não refeitos ainda do trauma da Conquista, eu vivia *neplanta*"[19]. O sentido invocado é semelhante ao isolamento descrito por Storni e Sylvia Plath.

A identificação de Castellanos com outras mulheres, sejam camponesas, analfabetas ou mulheres nobres do século dezenove, heroínas de ficção ou vilãs históricas, pode-se atribuir a seu feminismo radical[20]:

> *No, no es la solución*
> *tirarse bajo un tren como la Ana de Tolstoy*
> *ni apurar el arsénico de Madame Bovary*
> *ni aguardar en los páramos de Avila la visita*
> *del ángel con venablo*
> *antes de liarse el manto a la cabeza*
> *y comenzar a actuar.*
>
> *Ni concluir las leyes geométricas, contando*
> *las vigas de la celda de castigo*
> *como lo hizo Sor Juana. No es la solución*
> *escribir, mientras llegan las visitas,*
> *en la sala de estar de la familia Austen*
> *ni encerrarse en el ático*
> *de alguna residencia de la Nueva Inglaterra*
> *y soñar, con la Biblia de los Dickinson,*
> *debajo de una almohada de soltera.*
>
> *Debe haber otro modo...*
>
> *Otro modo de ser humano y libre.*
>
> *Otro modo de ser.*

19. *Los Narradores ante el Público*, p. 93.
20. Segundo SHULAMITH FIRESTONE, em "On American Feminism": "A posição radical feminista contemporânea é a descendente direta da linha radical feminista do antigo movimento do século dezenove. Vê as questões feministas não somente como a primeira prioridade da mulher, mas também como o núcleo de qualquer análise revolucionária mais ampla. *Women in Sexist Society*, Ed. Vivian Gornick and Barbara K. Moran (New York, New American Library, 1972), p. 684.

[Não, não é solução
atirar-se debaixo de um trem como a Anna de Tolstoi
nem esgotar o arsênico de Madame Bovary
nem aguardar nos páramos de Ávila a visita
do anjo e sua lança
antes de embrulhar o manto na cabeça
e começar a atuar.

Nem concluir as leis geométricas, contando
as vigas da cela do castigo
como o fez Soror Juana. Não é solução
escrever, enquanto chegam as visitas,
na sala de estar da família Austen
nem encerrar-se no último andar
de alguma residência da Nova Inglaterra
e sonhar, com a Bíblia dos Dickinson,
debaixo do travesseiro de solteira.

Deve haver outro modo...

Outro modo de ser humano e livre.

Outro modo de ser][21].

Tanto na sua obra literária como na sua vida, Castellanos se esforçou por procurar "outro modo de ser". Ela é importante como prosadora, tanto por suas novelas e contos curtos quanto por seus estudos críticos, por seus ensaios e seu trabalho como jornalista. *Balún-Canán* é uma das novelas que abriu caminho para o que iria chamar-se mais tarde o *boom* da novela latino-americana e seu êxito no estrangeiro, ao ser traduzida para outras línguas, ajudou a preparar este auge[22]. Também já disseram que os artigos que Castellanos publicou entre 1964 e 1969 em *Excélsior* são antecedentes da nova forma jornalística no México. Alguns desses artigos foram coletados em *Juicios Sumarios* (1966), *Mujer que Sabe Latín* (1973), *El Uso de la Palabra* (1974) e *El Mar y sus Pescaditos* (1975).

O primeiro destes inclui dois ensaios sobre Soror Juana, um sobre Santa Teresa, três sobre Simone de Beauvoir e um sobre Virginia Woolf, ao mesmo tempo que menciona Ana María Matute, Nathalie Sarraute, Simone Weil e outras

21. "Meditación en el Umbral", *Poesía*, p. 326.
22. Castellanos publicou duas novelas: *Balún-Canán* (México, Fondo de Cultura Econômica, 1957); trad. Irene Nicholson, *The Nine Guardians* (Faber, 1958; New York, The Vanguard Press, 1959) e *Oficio de Tinieblas* (México, Joaquín Mortiz, 1962). Seus contos curtos foram colecionados em três volumes: *Ciudad Real* (Xalapa, Universidad Veracruzana, 1960); *Los Convidados de Agosto* (México, Era, 1964); *Album de Família* (México, Joaquín Mortiz 1971).

escritoras. Em *Mujer que Sabe Latín* estuda-se Natalie Ginzburg, Ivy Compton-Burnette, Isak Dinesen, Simone Weil, Elsa Triolet, Violette Leduc, Virginia Woolf, Doris Lessing, Penelope Gilliantt, Lillian Hellman, Eudora Welty, Mary Mc Carthy, Flannery O'Connor, Betty Friedan, Clarice Lispector, Mercedes Rodoreda, Corín Tellado, María Luisa Bombal e Silvina Ocampo. Castellanos também inclui escritoras pouco conhecidas do século dezenove, tais como Fanny Calderón de la Barca; famosas escritoras internacionais como Katherine Mansfieid e Agatha Christie; escritoras contemporâneas do México, como Ulalume González de León e María Luisa Mendoza.

Ainda que Castellanos escreva que na literatura "a galeria dos retratos femininos não é muito abundante, muito variada nem muito profunda"[23], faz o possível para que a situação possa melhorar, examinando uma ampla variedade de imagens femininas literárias (Anna Karenina, Melibea, Hedda Gabler, Dorotea, Dulcinea, Celestina), ideais culturais ou arquétipos (Eva, Lucrécia Bórgia, a Virgem Maria) e estereótipos (por classe social e geográfica em sua ficção). Num breve ensaio, Castellanos discute as três maiores imagens de mulher no México e seu significado: a Virgem de Guadalupe, a Malinche e Soror Juana. A primeira é venerada além da religião, é totalmente boa; a segunda, totalmente sexual, perigosa, sedutora, destruidora da moralidade e da cultura; a terceira é uma mulher desdenhada, uma fêmea intelectual do século dezessete, cuja feminilidade "sempre foi uma hipótese". Segundo Castellanos, deve-se admirá-la sobretudo porque, apesar "das resistências e dos obstáculos do meio, exerceu essa vocação (de escritora) e a transformou na obra"[24].

Segundo Elena Poniatowska, a tese que Castellanos escreveu para formar-se na Universidade do México, *Sobre Cultura Femenina* (1950), nega a existência de uma cultura especificamente feminina, no entanto representa "o ponto de partida intelectual do movimento de mulheres nos últimos anos no México"[25]. Este comentário honra muito mais a memória de Rosario Castellanos, que morreu em agosto de 1974, em Tel Aviv, onde servia como embaixadora do México em Israel, que seu enterro na "Rotonda de los Hombres

23. CASTELLANOS, *Mujer,* p. 159.
24. ROSARIO CASTELLANOS, *Juicios Sumarios,* Xalapa, Universidad Veracruzana, 1966, p. 29.
25. Conversação com Poniatowska, México, 1 set. 1974. Veja-

Ilustres". No entanto, existe uma contradição. Por que negar a existência de feminilidade e dedicar centenas de páginas a defini-la, persegui-la em bibliografias, em escritos, em imagens literárias, senão com objetivos feministas? Obviamente, é útil conhecer a tradição, o terreno e as acusações antes de pôr-se a construir uma defesa.

O amplo preparo de Castellanos na história, na antropologia e na literatura proporciona-lhe perspectivas para julgar as escritoras que discute. Diz, por exemplo, que Silvina Ocampo não tentou "nem a análise psicológica, nem o quadro dos costumes, os Scilas e Caribdis nos quais geralmente naufragam os livros escritos por mulheres"[26]. E, explica, toda mulher pode tirar proveito da preparação se quer enfrentar o Sistema:

> A façanha de *converter-se no que se é* (façanha de privilegiados, seja qual for seu sexo e suas condições) exige não unicamente a descoberta de traços essenciais... mas sobretudo a rejeição de falsas imagens que os falsos espelhos oferecem à mulher nas galerias fechadas onde sua vida transcorre[27].

Em suas obras explora, descreve e trabalha apontando contra os padrões culturais de dominação-submissão entre homens e mulheres, brancos e índios, mexicanos e europeus ou norte-americanos, classe baixa e aristocracia, pais e filhos. O que ela vê como meta para as mulheres é a feminilidade, que reconhece enganosa e árdua. Mas vê que a "façanha de converter-se no que se é" sempre é problemática, é questão mental, da consciência, tanto como de circunstâncias políticas, sociais e econômicas: "Deve-se rir, pois. E o sorriso, já sabemos, é o primeiro testemunho da liberdade"[28].

Trad. Suzana Vargas

---

se também o ensaio de PONIATOWSKA, "Evocaciones de Rosario Castellanos", *Cultura en México: Suplemento de Siempre!* n.º 1106, 4 set. 1974, pp. 6-8.

26. CASTELLANOS, *Mujer,* p. 150.
27. CASTELLANOS, *Mujer,* p. 20.
28. CASTELLANOS, *Mujer,* p. 207.

2. ASPECTOS TÉCNICOS E TEÓRICOS DA POESIA DE CASTELLANOS

A obra de Rosario Castellanos é objeto de estudo relativamente novo nos círculos acadêmicos norte-americanos[1]. Considerando que até agora a maior parte da crítica latino-americana sobre Castellanos tem sido impressionista, biográfica ou temática, proponho-me a comentar os aspectos técnico e teórico de sua poesia. Farei uso dos termos "tom" e "teor", seguindo as instruções que para isto nos oferece I. A. Richards, em *Practical Criticism* e em *The Philosophy of Rhetoric*[2].

1. Este capítulo é uma versão da conferência apresentada em inglês no congresso anual da Pacific Coast Conference on Latin American Studies, na Arizona State University, Tempe, Arizona, a 21 de outubro de 1976.
2. Existem muitos problemas que não estão completamente resolvidos no trabalho de 1936 de Richards (e que é uma edição de uma série de conferências que apresentou no Bryn Mawr College, em fevereiro e março de 1936) e sua formulação não é considerada definitiva; no entanto, representa ou inspirou grande parte da

É escusado dizer que há muitas maneiras de estudar a obra deste ou daquele poeta; diferentes teorias podem complementar-se ou alternar-se dentro do processo a ser efetuado na crítica e/ou investigação, e cada uma pode nos retribuir com uma percepção diferente. Creio que o "tom" tem especial importância e interesse em Castellanos, tanto na sua prosa quanto na sua obra poética, e que muitas vezes é essencial, para sua interpretação, determinar a gradação tonal exata num poema específico. A determinação do "tom" está intimamente ligada à compreensão do "teor" e a sua relação com os "concordantes emotivos, sensoriais e/ou conceituais introduzidos no poema pelo veículo"[3].

Continuando, ofereço um breve resumo da obra poética de Rosario Castellanos. Publicou seus primeiros dois volumes de versos em 1948: *Trajectoria del Polvo* e *Apuntes para una Declaración de Fe*. Nos anos cinqüenta publicou outros quatro (além de dois dramas em verso, *Salomé* e *Judith*, em 1959). *De la Vigilia Estéril* (1950), *El Rescate del Mundo* (1952), *Poemas 1953-55* (1957) e *Al Pie de la Letra* (1959). Dois volumes apareceram nos anos sessenta: *Lívida Luz* (1960) e *Materia Memorable* (1969). Em seu volume de obras já publicadas, *Poesía no Eres Tú* (1972), Castellanos inclui, também, umas cinqüenta páginas de versos, inéditos ou não, publicados em coletâneas posteriores.

Em *Practical Criticism*, I. A. Richards define "tom" como o reflexo, dentro do texto, da atitude do autor em relação ao seu público. Seguindo a teoria do efeito poético de Richards, a efetividade retórica de um discurso poético depende, principalmente, de seu tom, isto é, do arranjo do estilo e da seleção de conteúdo para convir a um grupo receptor

discussão mais recente sobre o tema da metáfora. (Discutiu o tom, outro tema de controvérsia, no seu trabalho de 1929.) Não quero sugerir uma conexão real entre Richards e Rosario Castellanos, ainda que haja semelhanças e "simpatias" (no sentido de Alfonso Reyes) no seu pensamento.

3. *Princeton Encyclopedia of Poetry and Poetics*, Princeton, Princeton University Press, 1965, p. 846. Os termos de Richards ("teor" e "veículo") para falar "a coisa que se quer dizer" e "a coisa que se diz" são empregados por muitos críticos posteriores a ele; entre outros, PHILIP WHEELWRIGHT, *Metaphor and Reality*, Bloomington, Indiana University Press, 1971; WINIFRED NOWOTTNEY, *The Language Poets Use*, University of London, 1962; CLAUDIO GUILLÉN, *Literature as System*, Princeton, Princeton University Press, 1971. Ver também JONATHAN CULLER, *Structuralist Poetics*, Cornell University Press, 1975; especialmente pp. 85-90 e 179-83.

determinado[4]. Do ponto de vista da explicação ou da leitura, é imprescindível prestar atenção ao "tom", porque o tom com que se diz alguma coisa pode ampliar ou também inverter o significado do que se diz, tal como ocorre com a ironia ou o sarcasmo, tão freqüentes em Castellanos. Se bem que o tom se desprenda mais claramente no poema completo, creio que as citações que incluo aqui darão certa indicação de como Castellanos consegue estabelecer o tom. Numa passagem de "Narciso 70"[5], o tom — ou seja, a atitude com relação ao leitor e ao que se diz — é claramente irônico:

> *Cuando abro los periódicos*
> *(perdón por la inmodestia, pero a veces*
> *un poco de verdad*
> *es más alimenticia y confortante*
> *que un par de huevos a la mexicana)*
> *es para leer mi nombre en ellos.*

> [Quando abro os jornais
> (perdão pela imodéstia, mas às vezes
> um pouco de verdade
> é mais substancial e confortante
> que um par de ovos à mexicana)
> é para ler meu nome neles].

Existe uma espécie de auto-ridicularização na confissão de Castellanos que faz pensar em Alfonsina Storni. Há também uma atitude de cumplicidade com o leitor, intensificada e que se torna aparente pelo aparte entre parênteses, recurso empregado com certa freqüência por Castellanos. O tom de franqueza e de falta de formalismo beirando a intimidade fica reforçado pela imagem localista do "par de ovos à mexicana". O tom implica aqui uma poética — e com isto quero dizer um ideal poético ao qual Castellanos aspirava — que é, ao mesmo tempo, pragmático e expressivo[6]. Sua me-

---

4. Neste trabalho, para traduzir *poetic discourse* uso "discurso poético" e às vezes, "raciocínio poético". "Tom", como indico depois no texto, refere-se não somente à atitude para com o leitor ou ouvinte, mas também ao que se expressa no discurso poético, diferindo assim do conceito de Richards.

5. ROSARIO CASTELLANOS, *Poesía no Eres Tú*, México, Fondo de Cultura Económica, 1972, p. 304. Todos os números de página no texto correspondem a esta edição, a menos que se dêem outras indicações.

6. No seu ensaio "Si Poesía No Eres Tú, Entonces Qué", Castellanos refere-se ao ideal de leitor comprometido: "deixemos que o *leitor-cúmplice* se dê ao trabalho de elaborar outras hipóteses, outras

lhor declaração poética sobre poesia como diálogo é o poema
"Poesía no Eres Tú":

> *Porque si tú existieras*
> *tendría que existir yo también. Y eso es mentira.*
>
> *Nadie hay más que nosotros: la pareja,*
> *los sexos conciliados en un hijo,*
> *las dos cabezas juntas, pero no contemplándose*
> *(para no convertir a nadie en un espejo)*
> *sino mirando frente a sí, hacia el otro.*
>
> *El otro: mediador, juez, equilibrio*
> *entre opuestos, testigo,*
> *nudo en el que se anuda lo que se había roto.*
>
> *El otro, la mudez que pide voz*
> *al que tiene la voz*
> *y reclama el oído del que escucha.*
>
> *El otro. Con el otro*
> *la humanidad, el diálogo, la poesía comienzan*
>
> [Porque se tu existisses
> eu teria que existir também. E isso é mentira.
>
> Não há ninguém mais a não ser nós: o par,
> os sexos conciliados num filho,
> as duas cabeças juntas, porém não se contemplando
> (para não converter ninguém num espelho)
> e sim olhando em frente, em direção ao outro.
>
> O outro: mediador, juiz, equilíbrio
> entre opostos, testemunha,
> nó em que se enovela o que se havia rompido.
>
> O outro, o silêncio que pede voz
> a quem tem a voz
> e reclama ao ouvido do que escuta.
>
> O outro. Com o outro
> a humanidade, o diálogo, a poesia começam] (pp. 311-312).

O título é uma alusão a Bécquer e também uma afirmação poética de que um poema "diz" (em oposição a "é"). O que este poema diz não é somente que a poesia deva ser compartilhada, senão que nem sequer pode existir sem a noção implícita de um ouvinte ou de um leitor. Num estudo incluído em *Mujer que Sabe Latín*, Castellanos comenta sobre o significado que tem para ela o título do seu livro *Poesía no Eres Tú:*

interpretações". ROSARIO CASTELLANOS, *Mujer que Sabe Latín*, México, Secretaria de Educação Pública, 1973, p. 208. O grifo é de Castellanos.

O que acontece é que eu tive um trânsito muito lento da mais fechada das subjetividades à estonteante descoberta da existência do outro e, por último, à ruptura do esquema do par para integrar-me ao social, que é o âmbito no qual o poeta se define, se compreende e se expressa (p. 203).

Outro aspecto característico de uso do tom em Castellanos encontra-se no monólogo dramático, quer dizer, um poema no qual aquele que fala é uma personagem, não essencialmente o autor, tal como em "My Last Duchess" de Robert Browning e em "The Love Song of J. Alfred Prufrock" de T. S. Eliot. Freqüentemente, nos monólogos dramáticos de Castellanos — "Monólogo de la Extranjera", "Testamento de Hécuba" e "Economía Doméstica", por exemplo — o discurso poético é oblíquo e emprega a ironia ou o paradoxo. O tom é, então, a chave da atitude de Castellanos em direção à personagem, ao mesmo tempo que em direção ao discurso poético.

Um olhar retrospectivo através dos vinte e quatro anos que separam *Poesía no Eres Tú* de seus dois volumes de 1948 nos demonstra que, na sua primeira poesia, Castellanos não havia ainda descoberto o tom e a linguagem mais apropriados ao seu discurso poético. Em *El Rescate del Mundo* (1952), um livro no qual oferece tributo ao conjunto de imagens "humildes" de Gabriela Mistral, Castellanos avança no seu caminho em direção ao seu estilo próprio. Em *Al Pie de la Letra* (1959) começa-se a reconhecer um tom característico que pode ser descoberto como anti-sentimental, suave e cômodo.

Teor pertence a um par de termos, "teor e veículo" produzidos por I. A. Richards com a intenção de melhorar a teoria tradicional da metáfora ao destacar a noção de que a metáfora é "um empréstimo mútuo e um intercâmbio de *pensamentos,* uma transação entre contextos" (*Philosophy of Rhetoric,* p. 94). O teor é a implicação ou o devir do pensamento em relação ao sujeito da metáfora; o veículo é aquele que serve para transportar ou encerrar o teor como uma analogia a desenvolver, ainda que a metáfora seja uma forma ou maneira não lógica de produzir uma conexão e os dois membros de uma metáfora mantêm relações de diferente ordem entre si. De acordo com isto, *teor* e *veículo,* juntos, formam uma metáfora; sua interação ou fissão têm lugar no texto do poema, mas Richards mantém que o veículo é também um aspecto de experiência humana, estranha ou diferente à experiência apresentada no poema[7].

Em seus *Apuntes de una Declaración de Fe,* Castellanos começa com estas linhas: "O mundo geme, estéril como um fungo./É a folha caduca e sem vento no outono" (p. 7). Por que "estéril como um fungo"? Qual é o teor do veículo "fungo"? Segundo Castellanos,

> o fungo é a antítese da esterilidade, já que prolifera com uma desavergonhada abundância e quase que com uma completa falta de estímulo. E, na verdade, o que eu quis dizer então era que o mundo tinha uma geração tão espontânea como a do fungo, que não havia surgido de nenhum projeto divino, que não era o resultado de leis internas da matéria, nem a *conditio sine qua non* para que se desenvolvesse o drama humano. Que o mundo seria, afinal, o exemplo perfeito da gratuidade[8].

A metáfora não é um problema da língua. Uma palavra ou uma imagem como "um par de ovos à mexicana" podem ser simultaneamente interpretados literal ou metaforicamente. Esta simultaneidade, assim como a tendência antimetafórica, são encontradas cada vez com mais freqüência na poesia de Castellanos. Na sua mais freqüente produção poética usa, segundo explica numa entrevista a Margarita García Flores, "uma série de anedotas ou de experiências que não são as que, de uma maneira muito formal, se consideram como poéticas"[9]. José Emilio Pacheco descreve esta característica como "não formal, senão essencial e intrínseca" e sua importância "permite a um poema ser o que é: um instrumento verbal que a autorizou (a Castellanos) a referir-se a todas as coisas e torná-las poeticamente reconciliáveis, dar a um setor da experiência um significado que, sem o poema — que não passa de uma atenção enfocada — passaria inadvertido"[10]. Poesia, para Castellanos, é o poder de

---

7. Richards diz que a interação tem lugar no "contexto" do poema; os estruturalistas teriam que substituir o termo "textos" para expressar a idéia de Richards. Vemos aqui também a importância do "discurso" como conceito. (Cf. GALVANO DELLA VOLPE, "Theoretical Issues of a Marxist Poetics", em *Marxism and Art,* New York, Ed. Berel Lang e Forrest Williams, 1972, p. 181.)

8. CASTELLANOS, *Mujer que Sabe Latín,* p. 202.

9. MARGARITA GARCÍA FLORES, "Rosario Castellanos: La Lucidez como Forma de Vida", *La Onda,* México, Novedades, 18 ago. 1974, p. 6.

10. JOSÉ EMILIO PACHECO, "Rosario Castellanos o la Literatura como Ejercicio de la Libertad", *Diorama de la Cultura,* México, Excélsior, 11 ago. 1974, p. 16.

transformar uma experiência em "matéria memorável", título de sua coletânea de poemas de 1969.

Segundo a teoria que serve de base para estas linhas, as qualidades especiais da linguagem poética aparecem essencialmente na tensão criada numa figura poética entre o teor e o tom e entre o teor e as associações emocionais, sensoriais e/ou conceituais introduzidas no poema pelo veículo e também na dinâmica do veículo e o teor no contexto do poema. Castellanos é uma *expert* em criar esta tensão mediante mecanismos tais como os subentendidos e os paradoxos. Em "Economía Doméstica" o monólogo dramático é recitado de uma forma átona, orgulhosa e controlada, mas ao mesmo tempo aparece uma forte corrente emotiva no raciocínio controlado da dona-de-casa. O teor da metáfora ampliada, o veículo "da casa" é a "regra de ouro" sobre a qual se constrói ("ter um lugar para cada coisa/e ter/ cada coisa em seu lugar...") é a vida reprimida e sem interrogações, o trivial institucionalizado e premiado na sociedade de classe média.

Castellanos consegue a tensão em seus poemas também, especialmente nos últimos, mediante um extremo e às vezes irônico contraste obtido com o uso de veículos prosaicos, às vezes surpreendentes ou humorísticos, mas colocados a serviço de um teor de extrema seriedade. Por exemplo, em "Mala Fe", um raciocínio poético sobre a bondade e a maldade, a autenticidade pessoal e o universo em geral, encontram seu próprio lugar metafórico no esquema das coisas mediante uma imagem deliciosamente frívola:

> Y yo, coronación de los siglos, en que el cambio
> se llama evolución para darle un sentido
> de perfeccionamiento y espiral
> y no de anillo simple que se cierra.
>
> Se llama evolución, por el mismo principio
> utilitario por el que se vendan
> los ojos a la mula de noria, vuelta y vuelta,
> para que no se eche a morir de aburrimiento.
>
> Se llama evolución. Y yo soy la cereza
> puesta sobre la punta del helado

[E eu, coroação dos séculos, em que a mudança
se chama evolução para dar um sentido
de aperfeiçoamento e espiral
e não de anel simples que se fecha.

Chama-se evolução pelo mesmo princípio
utilitário pelo qual se vendam
os olhos à mula de trabalho, volta e meia
para que não morra de aborrecimento.

Chama-se evolução. E eu sou a cereja
colocada na ponta do sorvete] (p. 305).

Se compararmos esta citação de "Mala Fe", um poema escrito nos anos setenta, com a passagem seguinte de *De la Vigilia Estéril*, de 1950, vemos uma notável diferença no modo do discurso. No poema mais antigo, a linguagem e o verso são mais tradicionais e os veículos não chegam a alcançar a força denotativa da obra posterior de Castellanos:

Yo no tendré vergüenza de estas manos vacías
ni de esta celda hermética que se llama Rosario
En los labios del viento he de llamarme
árbol de muchos pájaros.

[Eu não terei vergonha destas mãos vazias
nem desta cela hermética que se chama Rosario.
Nos lábios do vento hei de me chamar
árvore de muitos pássaros] (p. 56).

A tensão num poema pode ser aumentada pelo contraste entre o teor e a dicção, especialmente na poesia mais recente de Castellanos (a partir de "En la Tierra de en Medio", em *Poesía no Eres Tú*). Ao falar da tendência ao uso literário da língua coloquial, Castellanos explica: "sinto-me com inteira liberdade para usar palavras consideradas como prosaicas, e que são prosaicas, para incorporá-las não à linguagem poética em geral, senão ao meu estilo... Sinto-me já em liberdade de sair do caminho e de encontrar fora algo que, ao meu modo de ver, é válido". O que não quer dizer que a liberdade ou licença poética da qual ela fala aqui não tenha sido já desfrutada por outros poetas. "Himno" começa com uma declaração em tom de conversação e de expressão tão coloquial como em "Los Heraldos Negros" de Vallejo ("Há golpes na vida tão fortes... Eu não sei!") e em "Walking Around" de Neruda ("Acontece que me canso de ser homem"); ainda que a declaração, nos primeiros versos de "Himno", difira de ambos em emoção e teor:

Después de todos amigos,
esta vida no puede llamarse desdichada.
En lo que a mí me concierne, por ejemplo

[Depois de tudo, amigos,
esta vida não pode chamar-se desditosa.
No que concerne a mim, por exemplo] (p. 219).

O conceito metafísico (*metaphysical conceit*), o tipo de metáfora associada principalmente com os poetas meta-

11. GARCÍA FLORES, "Rosario Castellanos: La Lucidez como Forma de Vida", p. 6.

físicos ingleses, aparece esporadicamente em Castellanos como uma estratégia para criar tensão (ou efetividade retórica). Em "Ninfomanía", por exemplo, usa o veículo "noz" (o qual, num momento, entra em conflito com a imagem do cérebro) em combinação com o conceito de ninfomania para produzir uma atitude de intensa desilusão (ou de misantropia temporal):

> *Te tuve entre mis manos:*
> *La humanidad entera en una nuez.*
>
> *Qué cáscara tan dura y tan rugosa!*
>
> *Y, adentro, el simulacro*
> *de los dos hemisferios cerebrales*
> *que, obviamente, no aspiran a operar*
> *sino a ser devorados, alabados*
> *por ese sabor neutro, tan insatisfactorio*
> *que exige, al infinito,*
> *una vez y otra y otra, que se vuelva a probar*
>
> [Tive você entre minhas mãos:
> a humanidade inteira em uma noz.
>
> Que casca tão dura e enrugada!
>
> E, dentro, o simulacro
> dos dois hemisférios cerebrais
> que, obviamente, não aspiram a operar
> e sim a ser devorados, decantados
> por esse sabor neutro, tão insatisfatório
> que exige, ao infinito,
> uma vez e outra, e outra, que se volte a provar] (p. 294).

Um tipo especial de metáfora encontrada em alguns dos poemas mais característicos de Castellanos pode chamar-se sua "figura feminina/feminista", já que o veículo é mulher e o teor é feminista, pelo menos em parte[12]. Um exemplo desta figura é Dido, em "Lamentación de Dido"; outra é a Malinche. A figura feminina/feminista não é, necessariamente, uma alusão literária, histórica ou mitológica. Pode ser um tipo, como a solteira, a virtuosa, a inconstante ou a índia marginalizada em "Monólogo de la Extranjera". No entanto, é geralmente a metáfora organizadora do poema no qual aparece e pode possuir grande ressonância, par-

---

12. Para uma discussão mais detalhada do feminismo na obra de Castellanos, ver meu artigo "Voz e Imagen en la Obra de Rosario Castellanos", *Revista de la Universidad de México,* México, UNAM, 1976, v. 30, n. 4, pp. 33-38. Cf. "O Feminismo Poetizado". neste livro.

cialmente devida à condensação que produz pela presença de outras imagens, idéias ou símbolos. Por exemplo, Electra é uma metáfora submersa no poema de Malinche, e tanto "Malinche" quanto "Dido" contêm referências autobiográficas. Os veículos, em si mesmos, não tão carregados de sentido. Melhor dizendo, o que acontece neste tipo de metáfora é que o teor — o devir do pensamento em relação ao veículo "Malinche", por exemplo — aumenta em complexidade e amplitude de implicação pela presença das idéias feministas de Castellanos e o pensamento fica matizado por uma atitude emotiva.

Apesar do humor e da inconstância ocasionais, a poesia de Castellanos é essencialmente séria. Um crítico bem intencionado, ainda que um tanto discriminador, disse: "Esta poetisa escapa à frivolidade na qual vivem imersas outras mulheres que escrevem versos"[13]. Castellanos compara seus poemas com fetos conservados em garrafas de formol ("...Um feto em seu frasco de álcool/Quer dizer, um poema"); em outras ocasiões insiste no profundo valor da poesia. Através da poesia um escritor pode sublimar a dor ou a angústia na criação artística. E a poesia, declara em "Poesía no Eres Tú", oferece uma saída para a solidão mediante o diálogo. A poesia é, também, um *medium* para as mensagens eleitas pelo poeta, às vezes de valentia, ou esperança, ou generosidade:

> *no hay soledad, no hay muerte*
> *aunque yo olvide y aunque yo me acabe.*
>
> *Hombre, donde tú estás, donde tú vives*
> *permanecemos todos.*
>
> [não há solidão, não há morte
> ainda que eu esqueça e ainda que eu me acabe.
>
> Homem, onde tu estás, onde tu vives
> permanecemos todos] (p. 185).

O que não quer dizer que a poesia não possa ser escrita como um fim em si mesma. Num poema — depois de citar "Human Kind/cannot bear very much reality" de T. S. Eliot — Castellanos persegue uma musa que lhe escapa, uma "Bela Dama sin Piedad":

---

13. RAÚL LEIVA, *Imagen de la Poesía Mexicana Contemporánea*. México, UNAM — Centro de Estudios Literarios, 1959, p. 333.

Porque no es el cisne. Porque si la señalas
señalas una sombra en la pupila
profunda de los lagos
y del esquife sólo la estela y de la nube
el testimonio del poder del viento.

Presencia prometida, evoca. Presencia
posible del instante
en que cuaja el cristal, en que se manifiesta
el corazón del fuego.

El vacío que habita se llama enternidad

[Porque não é o cisne. Porque se a apontas
apontas uma sombra na pupila
profunda dos lagos
e do esquife somente a esteira, e da nuvem
o testemunho do poder do vento.

Presença prometida, evoca. Presença
possível do instante
em que se solidifica o cristal, em que se manifesta
o coração de fogo.

O vazio que habita se chama eternidade] (p. 291).

Na poética de Rosario Castellanos, como no seu discurso poético, há lugar para a expressão idealista e espiritual ("Meditación en el Umbral") e para o cinismo ("Consejo de Celestina"), para declarações éticas e sócio-políticas ("Memorial de Tlatelolco"). As idéias e os valores morais podem existir num poema sem destruí-lo ou convertê-lo em meramente didático:

Uma e outra vez a poesia de Rosario Castellanos nos recordou que a vida não é eterna e o sofrimento não é uma doença acidental, senão que a condição, em si mesma, da vida. Porém o fez numa linguagem de tanta fluidez e luminosidade que a impressão final não corresponde ao desgosto, mas sim ao gozo ante o trabalho artístico bem realizado.

Encontra espaço, em sua poesia, para uma série de fatos e artefatos da vida dos sessenta em nosso século — o impacto do Relatório Kinsey, a pílula anticoncepcional ou tranqüilizante; a influência dos meios de comunicação operando sobre a massa através da personagem célebre, a telenovela, a tremenda supressão armada e a matança de estudantes universitários na Cidade do México, a 2 de dezembro de 1968; e no meio de tudo o par de ovos à mexicana — ao mesmo tempo que as preocupações humanas mais abstratas e profundas: amor, morte, solidão e injustiça:

*Me conmueve más bien la vastedad
del espacio, la inmensa
magnitud de los tiempos
y las cosas que son y las que ocurren.*

*Tantas cosas! Orugas, tempestades,
hiedras alrededor de una columna
a medio derruir,
casitas suburbanas, tractores, incunables,
abrelatas, tratados de paz, mesas de bridge,
piedras semipreciosas, recetas de cocina
y más y más y más*

[Comovem-me muito mais a vastidão
do espaço, a imensa
magnitude dos tempos
e as coisas que são e as que ocorrem.

Tantas coisas! Lagartas, tempestades,
hera ao redor de uma coluna
meio derruída,
casinhas urbanas, tratores, incunábulos,
abridores de lata, tratados de paz, mesas de bridge,
pedras semipreciosas, receitas de cozinha
e mais e mais e mais] (p. 305).

Porque Castellanos chegou a acreditar, como tinha feito I. A. Richards, que o discurso poético não pode ser considerado, de uma maneira rígida, como diferente de outros modos de discurso e sua arte mantém o *dictum* de Richards, de que "a poesia é a forma mais completa da fala".

Trad. Suzana Vargas

14. PACHECO, "Rosario Castellanos o la Literatura como Ejercicio de la Libertad", p. 16.

3. HISTÓRIA E FICÇÃO EM *OFICIO DE TINIEBLAS*

Oficio de Tinieblas (Ofício de Trevas) conta o processo de uma rebelião indígena no Estado de Chiapas: como se gerou, como se desenvolveu e como foi esmagada[1]. A novela

[1]. ROSARIO CASTELLANOS, *Oficio de Tinieblas*, México, Joaquín Mortiz, 1962. Entre os estudos e resenhas desta obra: "Oficio de Tinieblas", em *Nivel*, n.º 48 (1962), 3; MARÍA DEL CARMEN MILLÁN, "En torno a *Oficio de Tinieblas*", *Anuario de Letras*, 3 (1963), pp. 287-99; RITA MURÚA, "*Oficio de Tinieblas*", *Revista Mexicana de Letras*, n.º 3-4 (1963), pp. 62-63; JOSEPH SOMMERS, "Rosario Castellanos: Nuevo Enfoque del Indio Mexicano", *La Palabra y el Hombre*, n.º 29 (1964), pp. 83-89; JOHN S. BRUSHWOOD, *Mexico in its Novel*, Austin, University of Texas Press, 1966, p. 36; GUADALUPE GARCÍA-BARRAGÁN, "Rosario Castellanos en la Novela y el Cuento Indigenista", *Proceedings of the Pacific Northwest Conference on Foreign Languages*, 20 (1969), pp. 113-20; LUIS LEAL, *Breve Historia de la Literatura Hispanoamericana*, New York, Alfred A. Knopf, 1971, p. 290; ALFONSO GONZÁLEZ, "Lenguaje y Protesta en *Oficio de Tinieblas*", *Revista de Estudios Hispánicos*, v. 9, n.º 3 (1975), pp. 441-50; JOSEPH SOMMERS, "*Oficio de Tinieblas*". *Nexos*, n.º 2 (fev. 1978), pp. 15-16. O

está baseada num fato histórico: uma revolta dos índios chamulas na década de sessenta do século passado comandada por um homem branco, Pedro Díaz Cuscate. Através da novela, Rosario Castellanos faz uma análise da hegemonia e explora seus mitos, ao mesmo tempo em que busca a possibilidade de uma contra-hegemonia com seus correspondentes contramitos, como espero demonstrar. Outra das intenções do presente estudo é demonstrar as ricas possibilidades das teorias de Gramsci para a futura crítica literária norte-americana.

O conceito de "hegemonia" ou "hegemonia ideológica" é o ponto teórico básico de partida para o marxismo de Gramsci. Segundo Carl Boggs: "O papel da *luta ideológica* no processo revolucionário está profundamente traçado na totalidade dos escritos de Gramsci, e esta ênfase se reflete na 'hegemonia ideológica', conceito dominante que talvez constitua a construção mais original de toda sua obra"[2]. Por hegemonia, Gramsci entendia a penetração através da sociedade civil de todo um sistema de valores, instituições, crenças, relações sociais e tradições culturais. Na medida em que esse fenômeno "superestrutural" funcione no nível da massa a fim de perpetuar a ordem prevalecente, é preciso que a luta pela libertação se esforce em criar uma visão contra-hegemônica do mundo. Gramsci insistiu no fato de que a transformação revolucionária deve ser concebida como resultado de um processo organizado e não simplesmente como um sucesso ou série de sucessos. Neste processo, a transformação da consciência é parte inseparável da mudança estrutural.

enfoque do presente estudo não nega a validez de outros enfoques, tais como o feminista radical empregado em meu ensaio sobre Castellanos (*Mujeres en la Literatura*, México, Fleischer, 1978, pp. 9-19). Embora espere tornar óbvias algumas semelhanças ideológicas entre Gramsci e Castellanos, não pretende estabelecer nenhuma influência direta. Todavia, obras importantes de Gramsci foram publicadas em tradução espanhola, precisamente na década de 60, e dois ainda na década anterior: *Cartas desde la Cárcel*, Buenos Aires, Lautaro, 1950; *El Materialismo Histórico y la Filosofía de Benedetto Croce*, Buenos Aires, Lautaro, 1958; *Los Intelectuales y la Organización de la Cultura*, Buenos Aires, Lautaro, 1960; *Literatura y Vida Nacional*, Buenos Aires, Lautaro, 1961; *Notas sobre Maquiavelo, sobre Política y sobre el Estado Moderno*, Buenos Aires, Lautaro, 1962; *Cultura y Literatura*, Madrid, Península, 1967.

2. CARL BOGGS, *El Marxismo de Gramsci*, México, Premiá Editora, 1978, p. 16 (grifo de Boggs). Para um estudo do desenvolvimento da filosofia da práxis de Gramsci, consulte-se ALASTAIR DAVIDSON, *Antonio Gramsci: Towards an Intellectual Biography*, London, Merlin Press, 1977, pp. 232-71.

Introduzo a noção de "conjunto de relações" para incorporar a economia e incluir também a política, a ideologia, a cultura, as superstições etc. Sustenta que a transformação revolucionária só pode ser autêntica enquanto seja uma transformação total que afete todas as dimensões da sociedade e da existência. O conjunto de relações que Castellanos textualiza em *Oficio de Tinieblas* é rigidamente classista. A novela oscila entre dois cenários geográficos de Chiapas na área lingüística de Tzeltal-Tzotzil, o povoado de San Juan Chamula e a cidade de San Cristóbal de las Casas, e entre dois grupos de personagens, os tzotziles e os brancos dominantes. As duas linhas argumentativas se entrecruzam através do processo narrativo.

Já anteriormente a esta novela, Castellanos havia escrito sobre esta região. Suas duas novelas, *Balún-Canán* e *Oficio de Tinieblas* dividem com sua primeira coletânea de contos, *Ciudad Real* e a segunda, *Los Convidados de Agosto*, o cenário das terras de Chiapas[3]. Num ensaio seu, "El Idioma en San Cristóbal las Casas", narra a história da antiga capital do Estado (cujos outros nomes foram, sucessivamente, Jobel, Hueyzacatlán, Villa Real de Chiapa de los Españoles, Villaviciosa, San Cristóbal de los Llanos, Ciudad Real e San Cristóbal de las Casas). Além de ser sede dos poderes civis e da quinta Universidade da América, foi sede das altas autoridades religiosas: o Bispado, a Cúria e o Cabido Eclesiástico. Castellanos comenta que desde sua fundação em 1528 San Cristóbal conheceu uma organização econômica e social que se pode considerar feudal:

> Os senhores, proprietários de enormes extensões de terra, eram os descendentes dos conquistadores e dos donatários. Orgulho de seu sobrenome, de sua raça, de sua língua, de sua religião: eis a arma com a qual dominaram, e continuam dominando, sem escrúpulos, os servos. Estes são, naturalmente, os índios. A situação de inferioridade real em que se encontram foi elevada à categoria de princípio inalterável por seus exploradores. Sustentam que nada pode, que nada deve mudar. Alegam razões históricas, religiosas, raciais[4].

Castellanos resume a força de sua hegemonia:

> A rígida diferença de classes, a distância entre os dois pólos do mundo san-cristobalense — o senhor e o índio —, a exploração sistemática dos que ocupam as escalas inferiores pelos que detêm os

3. *Balún-Canán*, México, Fondo de Cultura Econômica, 1957; *Ciudad Real*, Xalapa, Universidad Veracruzana, 1960; *Los Convidados de Agosto*, México, Era, 1964.

4. "El Idioma en San Cristóbal las Casas", em *Juicios Sumarios*, Xalapa, Universidad Veracruzana, 1966, pp. 131-32.

postos de privilégio, se patenteiam em todas as relações da atividade humana e da convivência[5].

Os brancos dominantes em *Oficio de Tinieblas* não só criaram toda uma estrutura de classe, um monopólio dos meios de produção e de consumo (que, embora alterados de vez em quando pelas disposições de um remoto governo "revolucionário", sempre mantêm sua vigência), mas pretenderam dominar ainda as crenças dos índios para substituí-las com outros meios de subjugação cultural.

A obra se inicia com o mito cosmológico da fundação de San Juan Chamula e termina com a narração que Teresa López Entzín faz à menina Idolina sobre um *ilol* (sacerdote) de grande poder que, segundo contam os anciões, certa vez viveu no povoado chamula. A história transcorre num lapso de doze anos, e o tempo da novela acontece numa época mais próxima: cobre do interinato de Abelardo Rodríguez aos primeiros anos do governo de Avila Camacho, mas se passa fundamentalmente durante o período cardenista nos anos trinta.

A heroína índia de *Oficio de Tinieblas* é dotada de uma individualidade pouco comum entre os índios da literatura mexicana e mesmo da literatura indigenista latino-americana em geral[6]. Seu desenvolvimento é épico e mítico. Sócio-historicamente e de um ponto de vista antropológico, ela representa os maias anônimos e sem posses. Em resposta às circunstâncias históricas e a alguns específicos acontecimentos políticos, Catalina Díaz Puiljá se se torna primeiro *ilol* (sacerdotisa), assumindo o papel de uma curandeira reverenciada, e depois de dirigente carismática de seu povo. Na citação a seguir, à maneira de Henry James, Rosario Castellanos narra de um ponto de vista limitado, ou seja, de dentro, mas guardando as distâncias em relação à protagonista, técnica que sugere uma simpatia e um respeito pela índia, cujo modo de pensar, como seu próprio idioma, é seu e não o do narrador culto:

5. CASTELLANOS, *Juicios Sumarios*, p. 134.

6. Castellanos estuda a história e as possibilidades da novela indigenista em "La Novela Mexicana y su Valor Testimonial" e em "El Idioma en San Cristóbal las Casas", em *Juicios Sumarios*, pp. 125-27 e 131-37; consulte-se também "Tendencias de la Narrativa Mexicana Contemporánea" e "José María Arguedas y la Problemática Indigenista", em *El Mar y sus Pescaditos*, México, SEP, 1975, pp. 136-42 e 178-83; e o aprofunda ainda mais em "Teoría y Práctica del Indigenismo", "Discriminación en Estados Unidos y en Chiapas" e "El Padre de las Casas y la Agonía del Indio", em *El Uso de la*

Catalina admitia a veneração com a tranqüila certeza de quem recebe o que se lhe deve. A submissão dos demais nem a incomodava nem a envaidecia. Sua conduta lograva corresponder, com parcimônia e juízo, ao tributo dispensado. A dádiva era um sorriso aprovador, um olhar cúmplice, um conselho oportuno, uma oportuna chamada de atenção. E conservava sempre em sua mão esquerda a ameaça, a possibilidade de castigar. Embora ela mesma vigiasse seu poder. Havia visto demasiadas mãos esquerdas cortadas por uma espada vingadora[7].

Por sua capacidade como *ilol*, Catalina adquire influência sobre os demais e com o tempo chega a ser a força motriz na profunda confrontação entre os índios e os ladinos dominantes. Cada um dos bandos tem um líder espiritual: o Bispo Don Alonso e sua adversária Catalina Díaz Puiljá. Ambos se comunicam com as potências divinas e são o traço de união entre seus respectivos deuses e povos. Ambos decidem os costumes e os caminhos a seguir de seus próprios povos. O Bispo advoga e sustenta a permanência e a hegemonia tradicional; Catalina promove a mudança, a revolução, a contra-hegemonia.

Durante o conflito, que coincide com as cerimônias católicas da Semana Santa, sacrifica seu filho adotivo para renovar a antiga fé dos índios e incitá-los à rebelião. A crucificação do filho Domingo é um incidente rico em alusões e em significação ideológica, e é também uma amarga paródia. O nome do menino (do latim *Dominicus*: "Senhor"), como sua morte, alude a Cristo, mas esta morte não foi uma expiação voluntária e o começo de sua vida em nada lembra o parto da Virgem Maria. Domingo havia sido concebido durante a violação de uma jovem índia por um político branco. Cuidadosamente, Castellanos nos oferece amplas motivações para que Catalina sacrificasse Domingo, não apenas psicológicas, mas também políticas. O índio e o branco estão relacionados pelo produto manual do primeiro, do qual o branco é, pelo sistema, o proprietário legal. Em sua totalidade, cada relação entre indígenas e brancos apresentada na novela se reduz a um vínculo de exploração. Leonardo Cifuentes, o latifundiário, se sente no direito de violar as índias, que são triplamente oprimidas, por sua classe social, por sua raça e por seu sexo.

Palabra, México, Eds. de Excélsior, 1974-75, pp. 131-34 e 143-46.
ANTONIO CORNEJO POLAR em "La Novela Indigenista: Una Desgarrada Consciencia de la Historia" examina a problemática central da novela indigenista peruana durante a década de trinta. *LEXIS,* 4, 1 (1980), pp. 77-89.

7. *Oficio de Tinieblas,* pp. 14-15

Apesar de sua persistência e profunda ironia, Castellanos é uma antropóloga séria e uma historiadora astuta[8]. Deslocada deliberadamente a ação da novela de meados do século dezenove, quando aconteceram de fato várias rebeliões de índios em Chiapas, para uma época fictícia depois da Revolução Mexicana, posto que o que se propõe nesta novela é nada menos que uma recriação e uma reinvenção da história para observar criticamente a estrutura de classes e as atitudes culturais no México. Esta radical transfiguração dos acontecimentos permite uma perspectiva histórica mais vantajosa e proporciona uma maior oportunidade para a análise ideológica. Como disse Ulloa, uma personagem da novela:

> a história mexicana poderia se representar pelo alargamento de um círculo: o dos proprietários da riqueza. Dos conquistadores aos frades, aos donatários, aos *criollos*. Faltava muito para que a riqueza chegasse às massas inferiores da população. Grandes interesses se opunham ao desenvolvimento deste processo; assim, cada novo alargamento do círculo fora conquistado a custa de afogar o país em rios de sangue, de convertê-lo em fácil presa de rapinagens estrangeiras, de lançá-lo ao cume do caos mais bestial. Terreno propício para a aparição de falsos redentores e de caudilhos venais. (...) Em certo momento o México substituiu a proclamação improvisada dos militares pelo trabalho consciencioso dos técnicos[9].

Em sua narrativa destes anos, tanto como em sua obra ensaística, Castellanos adere à linha da literatura comprometida e ao realismo crítico[10]. Seu intenso, em *Oficio de Tinieblas*, de uma análise objetiva, quase científica, do mito e da história está repleto, algumas vezes, de uma herança existencialista, que é ocasionalmente perceptível em sua linguagem:

> Ao dispor de um lado das mentiras da propaganda, dos exageros do otimismo, se descobria como retrato da pátria um imenso horizonte desolado. Miséria, ignorância, podridão. Um solo cuja esterilidade oprimia ou cuja exuberância aniquila; uma população pulverizada em inumeráveis casarios isolados entre si. Um homem cujo trabalho não o salva da lenta agonia da fome[11].

8. Consulte-se MARGARITA PONCE, "La Ironía en la Poesía de Rosario Castellanos", Diss. Univ. of Southern California, 1981.
9. *Oficio de Tinieblas*, p. 174.
10. Comenta o realismo crítico no ensaio "La Novela Mexicana y su Valor Testimonial", em *Juicios Sumarios*, pp. 114-30; da mesma maneira, analisa a diferença entre realismo crítico e realismo mágico num ensaio sobre *Pedro Páramo* em *El Mar y sus Pescaditos*, pp. 112-15.
11. *Oficio de Tinieblas*, p. 175.

Note-se, contudo, que a desolação, a esterilidade e a agonia da fome a que se refere aparecem nas obras e na visão de outros escritores contemporâneos, tais como Juan Rulfo. Castellanos, uma vez que manipula um vocabulário abstrato, consegue destacar e criticar as tendências da cultura oficial de sua época (liberalismo, retórica política, relativismo antropológico etc.). Expõe e desmitifica os valores culturais da classe dominante de um ponto de vista basicamente marxista, da corrente historicista[12]. Critica a política reformista do governo, em parte por ser ineficaz. À maneira de Gramsci, ela funde seu desejo de reforma com o mito e, através de sua história da rebelião chamula comandada por uma fictícia heroína indígena iletrada e marginalizada, explora a possibilidade de estabelecer uma comunidade real e uma contra-hegemonia[13]. O resultado disso, contudo, demonstra a ineficácia final do mito contra-hegemônico que Catalina Díaz Puiljá ajuda a criar e que a própria novela,

12. Castellanos faz várias referências em sua obra ensaística a alguns escritores e críticos marxistas, sobretudo a Lukács. Em vários de seus ensaios emprega o termo "hegemonia" no sentido de "hegemonia ideologica" e em seu ensaio "Ideología y Literatura" (*Juicios Sumarios*, pp. 76-82) emprega a palavra "ideologia" com o significado de "ideologia hegemônica". Parece-me que Castellanos, talvez por ser latino-americana e mulher, pôde fazer duas observações importantes, ampliando o conceito em dois aspectos: 1) Estende (em seus escritos feministas) a idéia de hegemonia para incluir a idéia da hegemonia masculina (patriarcal); 2) Analisa a importância histórica, e no conjunto de relações, do idioma como parte importante da hegemonia. Consulte-se, por exemplo, "Notas al Margen: El Lenguaje como Instrumento de Dominio", em *Mujer que Sabe Latín*, México, SEP, 1973, p. 176.

13. Segundo Gramsci, a hegemonia está exposta historicamente a contínuos desafios. Ocorrem paralelismos interessantes entre as teorias de Gramsci e as de Castellanos, como, por exemplo, na noção de que o desafio à hegemonia pode dar-se em forma de violento contramito ou em forma de contra-hegemonia. Negando em última análise a efetividade do primeiro, Castellanos chega, como o próprio Gramsci, à possibilidade da segunda. Consulte-se ANTONIO GRAMSCI, "The Modern Prince", em *Selections from the Prison Notebooks*, New York, International Publishers, 1971; ou em *Obras de Antonio Gramsci*, México, Juan Pablos Editor, 1975, v. 1. Sobre o complexo conceito da hegemonia de Gramsci, consulte-se PERRY ANDERSON, "The Antinomies of Antonio Gramsci", *New Left Review* (Winter, 1976-77), pp. 5-78; e também ANGELO BROCCOLI, *Antonio Gramsci e l'Educazione come Egemonia*, Firenza, La Nuova Italia, 1972. Para uma discussão mais detalhada da idéia de contra-hegemonia, consulte-se CARL BOGGS, *El Marxismo de Gramsci;* ou também JAMES JOLL, *Gramsci*, Glasgow, Fontana/Collins, 1977.

já desde o princípio, postula como um contramito forte e vital contra o dominante.

Posto que a classe que controla o governo — na teoria de Gramsci — pode desfrutar de sua hegemonia mediante uma contínua saturação da sociedade com o espírito de sua moral, sua política, seus costumes e suas práticas religiosas, qualquer grupo social que queira desafiar esta hegemonia tem que estabelecer sua autoridade na esfera cultural, antes mesmo que no domínio econômico, político e militar. Isto explica, pois, por que quase toda luta em *Oficio de Tinieblas* ocorre num plano religioso-cultural. A Igreja Católica, para os brancos, degenerou praticamente numa convenção típica da classe média, enquanto que a religião dos índios retém uma possível força revolucionária. Em conseqüência, Castellanos eleva o conflito político a um nível mítico. Assim, na guerra cultural, o descobrimento dos ídolos, que a mesma Catalina Díaz Puiljá havia forjado e sepultado, produz contentamento e comunhão entre os tzotziles e um estado de paranóia entre a população branca. De forma similar, a crucificação, mencionada anteriormente, deve ser entendida como uma tentativa de Catalina para igualar, ao menos psicológica e simbolicamente, os recursos dos dois lados da confrontação (já que cada um possuiria um Cristo). Em seu emocionado discurso na igreja, a *ilol* incita sua gente à ação, armando-os de uma autoridade religiosa baseada num mito próprio, ou seja, um contramito, e armando-os de uma razão política para a insurreição. Diz Catalina:

> Aqui chegamos todos ao final da disputa com o branco. Padecemos injustiça e perseguições e adversidades. Talvez algum de nossos antepassados tenha pecado e por isso nos foi exigido este tributo. Demos o que tínhamos e saldamos a dívida. Mas o branco queria mais, sempre mais. Secou-nos o tutano no trabalho; arrebatou nossas posses; nos fez adivinhar as ordens e os castigos numa língua estrangeira. E nós suportávamos, sem protestos, o sofrimento, porque nenhum sinal nos indicava que era suficiente. Mas logo os deuses se manifestam, as potências obscuras se declaram. E sua vontade é que nos igualemos com o ladino que se envaidecia com a posse de seu Cristo... Saiamos, pois, ao combate com o branco. Nós o desafiamos e vamos ver como foge e se esconde. Mas se resistir, travaremos a luta. Somos iguais agora que nosso Cristo faz contrapeso ao seu Cristo[14].

14. *Oficio de Tinieblas*, pp. 324-25. O detalhe verbal nesta parte do discurso de Catalina implica um contexto religioso que não ficará explícito até o final; sua segunda frase lembra uma das bem-aventuranças (*São Mateus*, 5.10) e a terceira apresenta de uma forma um tanto tosca a doutrina do pecado original.

O conflito religioso que Castellanos nos descreve é um catalisador para a revolta explosiva contra injustiças que são primordialmente de ordem econômica. A análise de Castellanos não é ortodoxamente marxista, pois o significado do restabelecimento por parte da *ilol* das primitivas crenças de seu povo é a luta pela sobrevivência cultural, ou seja, pela retenção de um vestígio de identidade, um fundamento útil na criação de uma contra-hegemonia. Porém, contraditoriamente, essas mesmas crenças, as lendas mágicas e míticas, exerceram uma influência negativa já que fomentaram nos tzotziles, como grupo, uma visão a-histórica do mundo. Esta visão, segundo interpreta a autora, lhes forneceu uma desculpa para a passividade e para o pessimismo e os impediu de alcançar a consciência de que seu maior problema era de ordem material, já que o sistema econômico, de que fazem parte, depende da exploração da mão-de-obra indígena e da submissão do índio ao branco.

A derrota militar em *Oficio de Tinieblas* representa algo mais que um fato — um dado — do passado, uma derrota numa história de derrotas. Tampouco é simplesmente uma simbólica e mitopoética "memória do futuro", como no título, paradoxalmente proustiano da novela de Elena Garro, *Los Recuerdos del Porvenir* (1963), no sentido de que o passado continua no presente[15]. É também um anúncio das posições oficiais em relação aos índios que prevaleceriam na década seguinte à publicação da novela e um comentário sobre as posições existentes na época em que Rosario Castellanos a escreveu. Ao final da novela a autora, em vez de limitar-se a narrar o desenlace, cria uma nova lenda e já é difícil distinguir entre história e ficção, quanto à experiência indígena de impotência ante a perseguição e a opressão. Castellanos observa e critica comprometidamente a desigualdade de raça, sexo e classe, apresentando como inevitável o fracasso dos tzotziles. Mostra suas conseqüências individuais para cada tzotzil através da destruição moral de Catalina. A *ilol*, depois de ser levada ante as autoridades civis, perde seus poderes e sua posição. Contudo, embora transformada, sobrevive. Com significativa verossimilhança, Castellanos se centra — agora de fora — em Ca-

15. Para um estudo de *Los Recuerdos del Porvenir* e do tempo histórico na novela da Revolução Mexicana, consulte-se MARTHA PORTAL, "Elena Garro" e "Concepción del Tiempo", em *Proceso Narrativo de la Revolución Mexicana*, Madrid, Eds. Cultura Hispánica, 1977, pp. 223-32 e 279-86; também CARMEN SALAZAR PARR, "Narrative Technique in Elena Garro's Prose Fiction", Diss. University of Southern California, 1978. Ch. 3.

talina, outra vez submersa numa existência atemporal, sombria e marginalizada, seguramente padecendo de fome e privações. Suas façanhas lendárias foram esquecidas e agora se move em meio ao anonimato de sua tribo dizimada, arquétipo do herói fracassado, subguerrilheiro do sub-Terceiro Mundo derrotado.

Em última instância, *Oficio de Tinieblas* é uma novela pessimista, embora comprometida[16]. A novela demonstra uma complexa visão histórica da rebelião de alguns indígenas chiapaneses há mais de um século e da conjuntura em que ocorreu a (fictícia) rebelião na (ficcionada) época de Cárdenas. O conceito de "conjuntura" em Gramsci não é simplesmente o atual, o puramente fenomênico, imediato e acidental, mas o que a atualidade pode potencialmente chegar a ser. O "deve ser" não se apresenta como utópico nem como o simples desejo individual, mas como o que nasce do interesse histórico de classe, das tendências inscritas na estrutura. Gramsci fala da "realidade efetiva":

> O político de ação é um criador, um provocador, mas não crê em nada, apenas se baseia na "realidade efetiva", que não é algo estático e imóvel, mas uma relação de força em contínuo movimento e mudança de equilíbrio. Aplicar a vontade à criação de um novo equilíbrio de forças realmente existentes e operantes, firmando-se sobre aquela que se considere progressista, e reforçando-a para fazê-la triunfar, é mover-se sempre no terreno da realidade efetiva, mas para dominá-la e superá-la (ou contribuir para isso). O "deve ser" por conseguinte é o concreto, ou melhor, é a única interpretação realista e historicista da realidade, a única história e filosofia da ação, a única política[17].

Pode-se dizer que o argumento principal de *Oficio de Tinieblas* transita no terreno de uma realidade efetiva já que Castellanos cria sua protagonista fictícia (e, analogicamente, à criação dos falsos ídolos por Catalina) com uma visão imaginativa, aplicando assim a livre determinação à cria-

16. Em "El Pesimismo Latinoamericano", Castellanos postula duas atitudes contraditórias nos escritores latino-americanos: "a de que os fatos que ocorrem têm uma explicação racional e, por isso, são remediáveis" e "a atitude contrária: o que ocorre é assim, tem sido sempre assim e seguirá sendo sempre assim, pelo que não vale a pena sequer analisá-lo, embora sirva como um alívio reproduzi-lo esteticamente". Cf. *El Mar y sus Pescaditos*, p. 196.

17. GRAMSCI, *Notas sobre Maquiavelo*, Buenos Aires, Nueva Visión, 1973. Há uma idéia análoga ao "deve ser" e à "realidade efetiva" no conceito de Castellanos sobre a literatura como "invenção do possível" em seu ensaio "Historia y Literatura". Cf. *El Mar y sus Pescaditos*, p. 184.

ção de um novo equilíbrio de forças realmente existentes e operantes e que tanto a autora-criadora como a *ilol*-criadora praticam uma filosofia da ação.

As personagens femininas em muitas obras dos anos sessenta, contemporâneas a *Oficio de Tinieblas*, tanto mexicanas quanto estrangeiras, tendem a ser por vezes exageradas e superficiais: por exemplo, a Catalina Bernal de *La Muerte de Artemio Cruz*, de Carlos Fuentes, e a Princesa de *La Princesa del Palacio de Hierro*, de Gustavo Sainz, são vítimas passivas dos acontecimentos, apenas conscientes de serem participantes de sua própria vida[18]. O enfoque determinista e redutor nestas obras em relação às personagens influencia na atitude do leitor. Ao contrário, a Catalina Díaz Puiljá de Rosario Castellanos, como a Jesusa Palancares, protagonista de *Hasta no Verte Jesús mío* (1969), de Elena Poniatowska, é uma personagem forte e bem traçada[19]. O individualismo dessas heroínas não se sacrifica ao sócio-histórico, mas se vê intensificado dialeticamente por ele. Através da brilhante criação de Catalina Díaz Puiljá, Castellanos apresenta uma "intelectual orgânica" no sentido gramsciano do termo[20]. Para Gramsci, a missão do intelectual orgânico é empreender e promover a "reforma intelectual e moral" que eleva toda massa à condição de intelectual, rompendo a antiga subordinação do povo à cultura tradicional e o reconciliando com sua própria cultura[21]. Catalina desafia a hegemonia existente e empreende um processo revolucionário para derrubá-la.

18. Consulte-se BETH MILLER, "Personajes y Personas: Castellanos, Fuentes, Poniatowska y Sainz", em *Mujeres en la Literatura*, pp. 65-75.

19. PONIATOWSKA, *Hasta no Verte Jesús mío*, México, Era, 1969. Consulte-se GABRIELLA DE BEER, "La Revolución en la Narrativa de Campobello, Castellanos y Poniatowska", *La Semana de Bellas Artes*, n.º 163 (28 jan. 1981), pp. 2-5; BETH MILLER e ALFONSO GONZÁLEZ, "Elena Poniatowska", em *26 Autoras del México Actual*, México, Costa-Amic, 1978, pp. 301-321; CHARLES M. TATUM, "Elena Poniatowska's *Hasta no Verte Jesús mío*", em YVETTE E. MILLER e CHARLES M. TATUM, *Latin American Women Writers: Yesterday and Today*, Pittsburgh, Latin American Review, 1977, pp. 49-58.

20. MARIA-ANTONIETTA MACCIOCCHI, *Gramsci y la Revolución de Occidente*, México, Siglo XXI, 1975, p. 201. Este livro contém uma bibliografia (pp. 386-96) muito útil, que inclui uma seção sobre traduções das obras de Gramsci, organizando as obras gerais sobre ele pelo idioma em que foram escritas e classificando os artigos e trabalhos curtos sistematicamente.

21. GRAMSCI, *El Materialismo Histórico y la Filosofía de Benedetto Croce*, Buenos Aires, Nueva Visión, 1971.

A fictícia conjuntura em *Oficio de Tinieblas* representa, como em Gramsci, a análise de uma realidade em transformação permanente, cujos momentos não se sucedem mecanicamente no tempo nem no mesmo ritmo. Virginia Vargas resume a importância do conceito gramsciano de conjuntura:

> A conjuntura é o único lugar onde podem se concretizar estes processos dialéticos, porque ela é o único lugar onde se desenvolve a prática política, é o espaço onde intervém a vontade humana para transformar o mundo... Por isso, o que determina a ação política não é a estrutura econômica, mas o modo como os indivíduos interpretam as leis que regem seu desenvolvimento. Isto não significa que os acontecimentos dependam da decisão arbitrária dos indivíduos ou grupos sociais, porém da "vontade de muitos" enquadrada num fim determinado, ou seja, da vontade política. Esta vontade política é uma preparação laboriosa e consciente, que se desenvolve com base na experiência histórica e no conhecimento que, através da práxis, se tem da realidade. Esta vontade política se apresenta como uma "força determinante" que imprime um ritmo determinado aos acontecimentos[22].

Castellanos, em *Oficio de Tinieblas*, além de textualizar uma conjuntura histórica, testemunha uma compreensão da conjuntura na qual foi publicada sua novela. Joseph Sommers resume esta conjuntura, no contexto mexicano, da seguinte maneira:

> O freio ao ímpeto nacionalista revolucionário, a institucionalização política e a separação dos interesses da classe média frente aos do operário e do camponês caracterizam o momento histórico em que se compôs *Oficio de Tinieblas*, a mais complexa e, artisticamente, a mais bem acabada das novelas indigenistas do México. Durante essa época, a influência virtual do México na América Latina se viu subordinada às iniciativas dos Estados Unidos, que incluíam entre outras coisas: a política da guerra fria, o debate entre o autoritarismo militar e a democracia cristã liberal como alternativas contra a Revolução Cubana, a Aliança para o Progresso e o planejamento necessário para realizar a invasão da Baía dos Porcos. Nessa atmosfera bastante sombria, os intelectuais assumiram, ou pareceram assumir, uma atitude dissidente como criadores e como figuras públicas[23].

Embora esteja de acordo com Sommers no geral e reconheça como excelente sua discussão da novela, espero ter demonstrado que a atitude dissidente de Castellanos não era nem falsa, nem resultado do ambiente literário do início dos

---

22. VARGAS, "Antonio Gramsci y el Análisis de la Coyuntura". Tese inédita, Pontifícia Universidade Católica (Lima, Peru), 1977, pp. 151-52.

23. SOMMERS, "Oficio de Tinieblas", *Nexos*, p. 15.

anos sessenta, mas parte íntegra de seu pensamento; e também resultado das experiências que viveu em Chiapas, no Instituto Indigenista, e de um processo intelectual que se pode traçar em sua obra de 1950 até sua morte em 1974.

Castellanos (tal como Gramsci) se formou na filosofia idealista, mas optou, na sua maturidade, pelo historicismo. Em seu ensaio "El Escritor y su Público" já emprega uma crítica marxista ao falar do escritor como produtor e do público como consumidor:

> Em primeiro lugar, a obra literária, e também seu produtor e seu consumidor, só se relacionam a partir de certo nível que corresponde a um nível econômico. Por desgraça, em quase todos os países esse nível alcança uma quantidade muito reduzida de pessoas. A falta de recursos, a deformação do gosto, a ignorância e ainda o analfabetismo excluem as demais. Daí que o livro seja um artigo de primeira necessidade apenas para uns poucos[24].

Apesar de seu enfoque sócio-histórico e de sua irônica símile (a comparação pseudodepreciativa entre a literatura comprometida e a pornografia), não vacila em defender a possibilidade de que o trabalho do escritor (como intelectual orgânico) possa ajudar a atingir fins progressistas reais, ou seja, que a literatura possa participar da conscientização das massas para incitá-las à ação:

> a literatura é feita de provas, de alegações, de refutações. Lê-la pode nos causar prazer, mas nos inclina a concordar ou a contestar. Está carregada, assim como a pornografia, de elementos dinâmicos que induzem à ação. Dirige-se não às igrejinhas ou aos cenáculos dos escolhidos, mas à massa da qual deseja trazer partidários[25].

Uma vez que Castellanos se compromete a textualizar a hegemonia ideológica que tornou possível a contínua opressão dos índios de Chiapas, toma partido voluntariamente no campo de batalha literário.

Poder-se-ia concluir, pois, que o título da novela *Oficio de Tinieblas* se refere tanto ao ofício do autor, Rosario Castellanos, quanto ao ofício da protagonista fictícia, *ilol* e líder revolucionária. Os ofícios das duas dependem da teoria e da práxis: ambas são intelectuais orgânicas, cada uma à sua maneira e segundo a conjuntura e o espaço em que vivem. Regis Debray opina que Gramsci "é o homem que se pergunta como pode a teoria passar à história; todo aquele que

---

24. *Juicios Sumarios*, p. 407.
25. *Juicios Sumarios*, p. 403.

milite efetivamente e queira levar adiante uma ação revolucionária desemboca necessariamente neste problema, ou seja, na ligação entre história e filosofia"[26]. Castellanos pensa o mesmo quando se defronta também com o problema da ligação entre história e ficção. Disse num ensaio dos anos sessenta em que critica a supervalorização do *nouveau roman*:

> Mas se tódas as tendências atuais se esgotassem na arte pela arte, nossa época apresentaria um panorama literário monótono, desequilibrado e pobre. Há grupos muito importantes e significativos de escritores que se preocupam por instâncias mais urgentes, por exigências práticas. Há quem creia, com Sartre, que escrever é um modo — e não o menor — de ação. Que afirmam, com Brecht, que o mundo, tal como se nos oferece, é um monólito de mentiras e de idéias feitas, utilizável apenas pelos ladrões que estão no poder; e que a função do verbo é restituir ao mundo sua variedade, suas contradições, suas riquezas originais, conectá-lo outra vez com o amor dos seres humanos[27].

Trad. Felipe Fortuna

---

26. DEBRAY, "Notas sobre Gramsci", em LUCIANO GALLINO *et al.*, *Gramsci y las Ciencias Sociales*, México, Eds. Pasado y Presente, 1980 p. 152.

27. "Los 60s, Péndulo de la Abstracción al Compromiso", em *El Mar y sus Pescaditos*, p. 28.

4. A MULHER DA PEQUENA BURGUESIA PROVINCIANA

Rosario Castellanos afirma que a tradição literária mexicana tem sido sempre "instrumento, reflexo ou vítima da ideologia"[1]. Definiu ideologia, em 1966, como "o conjunto de idéias (políticas, econômicas, sociais, jurídicas etc.) que justificam os interesses de uma classe dominante e que os salvaguardam num momento histórico determinado"[2]. *Los Convidados de Agosto*[3], coletânea de contos publicada em

1. ROSARIO CASTELLANOS, *Juicios Sumarios*, Xalapa, Universidad Veracruzana, 1966, p. 82.
2. CASTELLANOS, *Juicios Sumarios*, p. 76.
3. ROSARIO CASTELLANOS, *Los Convidados de Agosto*, México, Era, 1964. Daqui em diante usarei a abreviatura C para referir-me a este volume. Suas outras coletâneas de contos são: *Ciudad Real*, Xalapa, Universidad Veracruzana, 1960, *Album de Familia*, México, Joaquín Mortiz, 1971. Também publicou dois romances: *Balún-Canán*, México, Fondo de Cultura Económica, 1957 e *Oficio de Tinieblas*, México, Joaquín Mortiz, 1962.

1964, está centrada em personagens da pequena burguesia de província, mostrando sua vida rigidamente classista e tradicional, e como esta reflete um sistema político e uma herança sócio-cultural específicos, isto é, uma ideologia. O cenário dos quatro relatos é uma cidade de província: Comitán. De forma geral, o modo narrativo poderia ser classificado como realismo crítico[4]. Castellanos desenvolve as personagens individuais sobre um fundo de costumes e tradições e, como Thomas Mann, aspira a um "conhecimento lúcido da realidade"[5]. Sem dúvida, o realismo destes contos não exclui a imaginação. Além disso, a romancista ensaia, com sucesso, várias técnicas para penetrar os múltiplos níveis da realidade, especialmente por meio de um processo de experimentação com o ponto de vista. De forma mais consciente que um Galdós, Castellanos distancia o narrador das personagens, dando, assim, mais independência e objetividade à narração em si.

A ação do conto "Los Convidados de Agosto" se dá durante um dia de festa na cidade e se refere a um acontecimento crucial na vida de uma solteira. A trama, repleta de interesse dramático e até mesmo de patos, desenvolve-se em meio a regozijos festivos e fogos artificiais. Desde o princípio, cria-se uma atmosfera de ansiosa espera e de desafio à ordem prevalecente. Ao referir-se às "proibições cotidianas" (p. 57), Castellanos começa a construir o problema da protagonista afirmando que as mulheres sofrem estas restrições mais que os homens, pois, em Comitán, não é permitido às mulheres comportamento idêntico ao dos homens. Estes riem abertamente; aquelas, furtivamente, escondendo suas bocas por detrás dos xales. Estes diferem em qualidade de acordo com a classe social e o montante de rendimentos de sua dona, mas as mulheres que os usam partilham uma condição tão distintiva como a cor da pele. Tratando-se tanto de senhoras respeitáveis quanto de artesãs, mercadoras ou criadas, todas se apressam em esconder seu riso com um gesto

---

4. Em "La Novela Mexicana y su Valor Testimonial", Castellanos define "realismo crítico" como "uma corrente na qual o escritor se situa a partir de uma perspectiva a fim de considerar a totalidade dos fatos e sustenta uma ideologia que lhe permite julgar esses fatos e mostrar a relação com os fins almejados". ROSARIO CASTELLANOS, *Hispania*, v. 47, n.º 2, 1964. Veja-se também *Juicios Sumarios*, p. 118. Cf. a discussão de Castellanos sobre "realismo mágico" e "realismo crítico" aplicados a *Pedro Páramo* e com uma conclusão feminista em seu *El Mar y sus Pescaditos*, México, SEP, 1975, pp. 112-115.

5. CASTELLANOS, *Juicios Sumarios*, p. 114.

que parece instintivo. A imagem sugere o véu da mulher muçulmana e, de fato, Castellanos assinala uma semelhança entre os dois costumes: ambos mostram a feminilidade como atributo adquirido e representam signos sócio-culturais de submissão passiva.

Emelina, a personagem principal, desperta com o soar dos sinos da igreja e solta o travesseiro que esteve abraçando, ao mesmo tempo que desaparece seu homem fantasma. Uma criada lhe traz seu café matinal na xícara favorita de Emelina, xícara que havia pertencido a avó, cujo nome herdara. Sua vida não parece muito diferente da que teria sido nos tempos de sua avó, certamente é quase a mesma no que diz respeito às "proibições cotidianas". Emelina desenvolve uma profunda convicção quanto à superioridade de sua própria classe social: pertence a uma "boa" família. Embora pense com inveja nas moças de classe baixa, que podem dar livre curso ao peso do celibato nas festas anuais do santo padroeiro, pondera que tais moças "não tinham muita honra a perder e nenhum sobrenome a salvaguardar" (C, 62). Emelina recorda as histórias de moças que se viram grávidas de estrangeiros precisamente em tal dia e as apaixonantes conseqüências que se seguiram: uma das moças se tornou costureira, outra fugiu para a Cidade do México e voltou, pouco depois, como toureira. Ao refletir sobre a sorte destas mulheres, se entristece: "Os dias são iguais em Comitán e, quando se percebe, já se envelheceu e não se tem sequer uma recordação, um retrato" (C, 64). Emelina percebe que envelhece e que, certamente, este será o último ano em que poderá gozar das festas de agosto. Evita olhar-se no espelho e consegue imaginar que suas rugas estão desaparecendo. Sente-se jovem, vibrante, completa. Depois de tudo, o tempo quase não a tocou, pois, em toda sua vida, esperou, ficando à margem das coisas: "Quantas vezes havia invejado as outras, as que se lançavam à correnteza e se deixavam arrastar por ela! Sua abstinência devia ter recompensa" (C, 67).

Este dia é evidentemente um dia especial para Emelina. Para começar, recusa-se a ir à missa com sua irmã. Depois, com um gesto que é incapaz de analisar, abre a portinhola da gaiola do canário e sente alívio ao ver que o pássaro está assustado demais para escapar. Quando Emelina observa sua irmã e sua inexpressiva mãe, regressa à sua ansiedade diante da iminência de tornar-se velha. Envelhecerá sem haver sequer possuído em seus braços outra coisa senão fantasmas, sem ter sequer levado em seu corpo outra coisa que desejos frustrados, sem ter sentido o peso de um amante sobre seu peito (C, 75). Quando Ester, sua irmã, trata de dissuadi-la de assistir às festividades, recordando-lhe que ela já não pode competir com as moças mais jovens porque tem trinta e cinco anos, Emelina prorrompe em soluços, mas, em seguida, banha-se voluptuosamente, veste-se com muito cuidado e vai à tourada com sua amiga Concha.

Cada ano, o clímax da celebração é o derrubamento das arquibancadas da arena. Quando, desta vez, tem lugar o rito anual, Emelina desmaia e desperta nos braços de um estranho, um homem real em vez de uma fantasia. Reanimada por uma bebida, sente-se logo intoxicada, mais pela proximidade do homem que pelo álcool. O forasteiro a leva a um bar e ela, embora em princípio sinta-se tímida até para olhá-lo, admira a autoridade de sua voz quando ordena um vinho caro. Emelina está alegre por ser vista em público com um "macho magnífico" (C, 88).

Emelina fala sem parar de sua família — da loucura de sua mãe, da incompetência de seu irmão —, de sua amiga Concha, que se está convertendo numa solteirona desalinhada e, inclusive, o respeito de si mesma. Bebe grande quantidade de vinho e seu amigo torna-se mais atrevido e sedutor. Finalmente, ele decide que já é tempo de ir embora e a ajuda a descer as escadas e a tomar um táxi. Mas, antes que o carro possa partir, aparece em cena o irmão de Emelina com um amigo; impedem a saída do carro e enfrentam o estranho. Enrique, o amigo de seu irmão, arrasta Emelina para casa, gritando-lhe: "Desonrastes teu sobrenome!" (C, 95). Com grande distanciamento narrativo, é dito ao leitor que Emelina começou a uivar "como uma louca, como um animal" (C, 95), quando finalmente percebeu, por completo, que sua primeira e última oportunidade havia-se evaporado. Enrique não pode suportar o selvagem e inconsolável lamento e afasta-se da casa, vagando pelas ruas até chegar a um bordel.

A vida de solteirona, nas províncias, é menos feliz que a situação de outras mulheres de famílias "respeitáveis" da classe média. Castellanos estabelece um contraste entre a falta de liberdade de Emelina e a liberdade gozada por Mateo e Enrique, como também com a relativa falta de restrições impostas às mulheres de classes sociais mais baixas. O texto ressalta que as restrições não são auto-impostas: neste caso, a família de Emelina e a sociedade da cidade pequena conspiram para manter a solteira em seu lugar apropriado. Anseia pela liberdade, embora sua falta de experiência a tenha levado a identificar aquela com a liberdade sexual, a mais fácil de alcançar, ainda quando não pode conseguir mais do que sua acanhada manifestação. No final, Emelina não pode aspirar a outra coisa além de uma existência inútil, aborrecida e escravizada.

Em toda sua obra narrativa, Castellanos se interessa pelo tema da triste marginalidade da solteira tradicional, e publicou, inclusive, um poema sobre este tópico em *Lívida Luz* (1960):

> *La soltera se afana en quehacer de ceniza,*
> *en labores sin mérito y sin fruto;*
> *y a la hora en que los deudos se congregan*
> *alrededor del fuego, del relato,*
> *se escucha el alarido*
> *de una mujer que grita en un páramo inmenso*
> *en el que cada peña, cana tronco*
> *carcomido de incendios, cada rama*
> *retorcida es un juez*
> *o es un testigo sin misericordia.*

> [A solteira se afaina em afazeres de cinza,
> em labores sem mérito e sem fruto;
> e na hora em que os parentes se congregam
> ao redor do fogo, do relato,
> se escuta o alarido
> de uma mulher que grita num páramo imenso
> no qual cada penha, cada tronco
> carcomido por incêndios, cada ramo
> retorcido é um juiz
> ou uma testemunha sem misericórdia][6].

Em "Los Convidados de Agosto", Castellanos apresenta-nos o caso de uma solteira e, embora a história não seja um manifesto, a narração é convincente. Emelina ansiou por "atirar-se à correnteza" da vida e a prosa da narradora converte-se na correnteza que a leva em direção a seus sonhos. Seu infeliz resgate da correnteza é violento e, no final da história, é o selo da injustiça.

As outras histórias do volume contêm referências ao celibato. Em "El Viudo Román", uma mulher jovem pensa, durante a cerimônia eclesiástica de casamento, sobre a maravilhosa mudança que se vai operar em sua vida, agora que deixará de ser uma mera "senhorita" para adquirir os privilégios de uma invejável "senhora":

6. ROSARIO CASTELLANOS, "Jornada de la Soltera" em *Poesía no Eres Tú*, México, Fondo de Cultura Económica, 1972, p. 175.

De hoje em diante, Romelia ingressaria no grêmio das mulheres que nunca dizem "eu quero" ou "eu não quero", mas que dão um rodeio, em torno de um homem, para chegar ao fim de seus propósitos. E esse rodeio cinge-se a uma frase: o senhor dispõe... o senhor prefere... o senhor ordena... não se deve contrariar o senhor... antes de tudo é preciso agradar ao senhor... necessito antes consultar o senhor... O senhor que a exaltaria à categoria de senhora diante dos olhos de todos e que, na intimidade, lhe daria uma imagem exata do corpo que, por fim, havia alcançado a plenitude de saber, de sentir, de realizar as funções para as quais havia sido criado (C, 166).

Por estar a sociedade centrada no homem, as mulheres que nela anseiam por um lugar devem logo tornar-se dependentes de um marido e, a seu tempo, assumir o papel de mãe dentro da estrutura sócio-econômica. Uma solteira não tem função social: vive como um peso molesto sobre seus parentes. De todas as mulheres solteiras, nesta coleção de contos, só a narradora de "Las Amistades Efímeras" desvia-se desta norma. Sua solução consiste em partir da cidade e empreender uma carreira, precisamente a mesma atitude tomada por Rosario Castellanos.

"Las Amistades Efímeras" é uma história narrada como verídica e sua trama pode bem estar baseada em dados biográficos, embora a arte da história consista na técnica narrativa empregada. Castellanos situa-se a partir de uma perspectiva para considerar a totalidade dos fatos e julgá-los unindo valores sociológicos aos estéticos. A narração em primeira pessoa oferece um retrato de uma moça de classe mais baixa que a da narradora, mas que havia sido sua amiga íntima durante a adolescência. Diferentemente da narradora, uma intelectual, Gertrudis parece ser uma alma simples, capaz de viver o dia sem refletir sobre seus atos, livre de recordações e da urgência de projetos futuros. Sua história é apresentada com humor e ironia, pois é narrada a partir do ponto de vista de sua amiga, a narradora sofisticada; relatada mais como um conto cômico sobre uma boda instantânea do que como algo próximo à tragédia de um rapto e uma violação.

A narradora recorda Gertrudis desde a época da escola de freiras, que freqüentaram juntas, e para onde Gertrudis havia sido enviada por seu pai, viúvo, por este levar uma vida que não desejava que seus filhos presenciassem. Pouco interessavam a Gertrudis os estudos em si e não se importou absolutamente por ter sido tirada da escola quando seu pai contraiu novas núpcias e se estabeleceu em outra região do país. A jovem teve que se separar de seu noivo, Oscar — que na ocasião estudava eletricidade por correspondência —, com o acordo de que se casariam tão logo ele houvesse concluído os estudos e aberto sua própria loja. A narradora concorda em escrever alguns versos de despedida de Gertrudis para Oscar e, mais tarde, a mantém informada, por carta, sobre o progresso e a conduta do rapaz. As cartas pessoais de Oscar, literalmente copiadas de manuais para amantes, não contêm notícias. (A narradora acredita agora que descobriu sua própria vocação literária escrevendo aquelas cartas de Gertrudis.) Oscar não chega a montar sua loja; abandona a cidade e nada mais se sabe sobre ele. Gertrudis continua, sem altos e baixos, a dirigir a loja do pai, até o dia em que ali pára, para comprar cerveja, um homem a cavalo que a convida a fugir com ele, o que ela faz, levando consigo sua irmãzinha pequena. Passam a noite numa casa de um povoado junto à estrada e, pela manhã, despertam bruscamente para encontrar, junto à cama, Don Estanislao, pai de Gertrudis, com um grupo de vaqueiros e com seu advogado. O pai faz com que este declare o casal marido e mulher antes de prender o noivo, Juan Bautista González, que já era foragido da lei por cortar fios telegráficos (antes de haver conhecido Gertrudis) e que, naturalmente, é agora também culpado de outro delito. Gertrudis vai viver com os pais de Juan Bautista, onde trabalha para manter-se, e visita o marido duas vezes por semana até sua saída do cárcere. Pouco depois de ter conseguido sua liberdade, Juan Bautista informa a Gertrudis que quer reunir-se à sua amiga de infância, que lhe foi fiel e o espera pacientemente para casar-se. Gertrudis admira sua lealdade e, abandonada a seu próprio destino, decide ir para a Cidade do México, onde tem uma amiga, embora esta pertença a uma classe social superior.

Os pais da narradora temem que sua filha seja influenciada pelo mal exemplo de Gertrudis e se recusam a aceitá-la em casa, ajudando-a, contudo, a encontrar trabalho e alojamento em outra parte. As duas jovens se vêem secretamente aos domingos até que a narração é bruscamente interrompida quando a narradora abandona sua amiga enquanto esta mastiga, tranqüilamente, pipocas num cinema, ao perceber, de repente, que Gertrudis nem sequer recordaria seu nome, que não as havia reunido a casualidade. (A narradora havia sugerido que fossem ao cinema para desviar a atenção de Gertrudis do telegrama que a informava que Juan Bautista havia morrido com um tiro pelas costas por continuar com o seu costume de cortar os fios telegráficos.) De volta a sua casa, tenta escrever, mas a assalta a dúvida de que "talvez seja mais simples viver" (C, 29).

Nesta história, Castellanos maneja o ponto de vista de uma forma especial para estabelecer a distância estética entre o leitor e a trama. Emprega uma técnica semelhante à de Cortázar em "El Perseguidor". A narradora se interpõe entre o leitor e a narração para interpretar a ação e as personagens com a objetividade e a ironia que Gertrudis, a protagonista, não poderia utilizar. Visto que a narradora possui uma personalidade e um sistema de valores diferentes dos de Gertrudis, não tenta elaborar a psicologia da personagem; na verdade, usa sua própria personalidade como ponto de contraste para caracterizar a amiga e nos transmite, assim, a suspeita de que a conduta que parece natural em Gertrudis seria ultrajante em seu próprio caso. Ela, a escritora, é analítica e moralista; Gertrudis não é nem uma coisa nem outra. Além disso, as duas experimentam o tempo de forma diferente. Gertrudis não é reflexiva, vive completamente no presente. Este sentido do tempo é indicado na citação do poema *nahuatl** anônimo que serve de epígrafe para a história: "aqui, só viemos para nos conhecer, só estamos de passagem na terra". Por isso, Gertrudis não valoriza a amizade da narradora do mesmo modo que esta, considerando-a, ao contrário, tão passageira e sem importância como qualquer outro fato de sua vida. Em relação à escritora-narradora, contudo, o título "Las Amistades Efímeras" é irônico, pois, pelo simples ato de escrever a história e imortalizar Gertrudis e suas mútuas relações, demonstra que sua amizade tinha sentido, não era efêmera. Inclusive, se interpretamos que as duas não tornarão a se encontrar, se evidencia o fato de que a narradora não esquecerá Gertrudis facilmente depois de haver analisado e posto em palavras escritas a influência permanente de sua amiga em sua própria vida.

Em "Vals 'Capricho'", Castellanos emprega a narração em terceira pessoa, mudando, entretanto, com freqüência, para uma forma sutil de citação indireta a fim de refletir as atitudes da gente do povo ou para mostrar como estas atitudes exercem influência no que pensam e dizem as

---

* *Nahuatl* ou *nahua*: relativo aos astecas, língua deste povo. De forma geral, a poesia asteca, de tom elegíaco, manifesta o pessimismo e a angústia ante a permanente ameaça de destruição desta raça e de sua civilização (N. do T.).

personagens. Em geral, o narrador se mantém na superfície observando os incidentes a uma distância média e desenvolvendo as personagens desde o exterior, e não desde sua interioridade. A história se refere aos esforços de duas simpáticas tias solteiras para transformar sua selvagem sobrinha numa senhorita decente. Suas tentativas de socializar e civilizar a solitária moça estão condenadas ao fracasso porque a pequena burguesia de Comitán se recusa a admitir a estrangeira nos círculos da vida social. A luta da adolescente para manter sua identidade encontra-se condensada no problemático nome que lhe deu seu pai: Reinerie. Mas este nome exótico soa a francês e, para suas tias, torna-se difícil pronunciá-lo, motivo pelo qual uma delas a chama de Gladys e a outra de Claudia. O padre sugere María, pela Virgem Maria; por uns tempos, o nome Alicia agrada a Reinerie. Contudo, o nome que verdadeiramente interessa é o motejo pelo qual, às suas costas, a conhece toda a cidade: "O cartão postal".

Castellanos interpreta a situação sociologicamente e em termos de psicologia individual. Como em *La Princesa del Palacio de Hierro,* de Gustavo Sainz, o que mais sobressai é a força das atitudes sociais e os poderosos efeitos do meio ambiente sobre a conduta. Durante algum tempo, Reinerie progride em sua educação social sob a tutela de suas tias: aprende a usar sapatos e vestidos da moda (daqui provém o motejo), a comer com os utensílios apropriados, a responder ao falar codificado das moças locais de sua idade. Com o tempo, também começa a assumir as atitudes de sua classe e o sistema de valores que corresponde à sua hierarquia social. Em sua demorada Primeira Comunhão, aparece adornada com rendas e brocados e, de repente, ilumina-se ao perceber que é jovem, formosa e rica: "O que mais podia pedir? Só que sua mãe morresse" (C, 46). Sua mãe, uma mestiça, nunca viveu na cidade; sua função na história é, em parte, marcar Reinerie como índia e servir de transmissora de uma obscura herança cultural indígena, além dos caracteres físicos distintivos que também possuem significação social. (Em certo momento, as mães da cidade referem-se a Reinerie, de forma depreciativa, como a "índia revestida".)

Logo, torna-se evidente que, embora Reinerie goze de boa saúde, tenha um tipo físico gracioso, inteligência, riqueza e um sobrenome de antiga ascendência — precisamente os atributos associados ao êxito pela grande maioria da sociedade mexicana —, estes não lhe podem abrir as portas da vida social da xenófoba cidade provinciana. Até a igreja se une às matronas para excluir a moça. Ninguém comparece às suntuosas festas dadas, em sua honra, por seu pai, no Casino Fronterizo (seu pai havia inclusive acedido aos rogos das tias para que ele legalizasse suas relações com a mãe de Reinerie, pelo bem desta). Os pais da cidade proíbem as suas filhas de freqüentar a casa das tias com medo de que aprendam coisas proibidas, pois Reinerie havia presenciado a cópula e o nascimento dos animais nas selvas onde cresceu. Como resultado desta situação, Reinerie encontra-se só, com suas tias, na atmosfera sufocante da casa. A tia costureira perde sua clientela e a tia professora de piano, seus discípulos.

Como resposta, Reinerie acaba por ensimesmar-se de forma crescente, até voltar aos velhos hábitos. Durante um período de aparentes ataques epilépticos e de loucura, busca consolação na língua e nas tradições indígenas de sua mãe. Depois de examinar as entranhas de uma galinha negra, sai descalça, sigilosamente, de casa, na escuridão da noite, como para escapar rumo a uma vida totalmente diferente e, talvez, como para regressar a uma mentalidade da qual entende muito pouco.

A história é tão verossímil (naturalista em seus efeitos) que o leitor pode facilmente passar por alto a sutileza dos elementos simbólicos e o exagero da crueldade e da mesquinhez da sociedade intolerante de Comitán, empregados não apenas para produzir um efeito realista. Na combinação de elementos significativos (o piloto, o chapéu, a "Vals 'Capricho'", a galinha negra), como também pelo tom sério-cômico de narrar, Castellanos nos faz recordar algumas técnicas usadas por Gabriel García Márquez em *Cem Anos de Solidão*. Como o autor colombiano, Castellanos escreve a partir de uma posição muito esquerdista que a de suas personagens; ao mesmo tempo, chega mais longe que qualquer outro de seus contemporâneos masculinos na crítica aos padrões sexuais.

A mensagem final de "Vals 'Capricho'" (regresso de Reinerie ao que era no início da história e sua saída de Comitán) pode ser interpretado em contextos diferentes. Talvez o elemento mais poderoso da história seja a denúncia da sociedade racista dos brancos e suas regras de conduta institucionalizadas contra os índios. Uma leitura feminista ressaltaria que uma mulher anticonformista é uma estrangeira que tem poucas possibilidades de sobreviver numa cidade mexicana de província, inclusive se está disposta a pagar o preço do sacrifício de sua integridade e liberdade. O isolamento forçado e o ostracismo das mulheres marginalizadas aumenta sua excentricidade, seu desespero e sua alienação interior.

Os homens da cidade fazem objeções às mulheres que adquirem habilidades masculinas como as adquiridas por Reinerie, porque isto ameaça o código de polaridade sexual. Espera-se que as mulheres mostrem uma diferença baseada em sua falta de conhecimentos e em sua forçada debilidade, como ilustra o relato do padre sobre o incidente no qual Reinerie sacou a pistola, apontando-a em direção a um pobre homem que se havia oferecido para ajudá-la a atravessar um charco, na estrada. Do mesmo modo, a falta de independência das mulheres exalta a dominação masculina: "Em suas relações com as mulheres contavam, como com um ingrediente indispensável, com sua ignorância da vida. Deles dependia prolongá-la ou destruí-la. No primeiro caso asseguravam a submissão. No segundo, a gratidão" (C, 43-44).

Em suas convenções e na linha da trama, a *nouvelle* "El Viudo Román" se parece muito ao romance "burguês" do século dezenove — penso em Galdós — e ao melodrama. Tematicamente, descende do *drama de honor* ("drama de honra") dos Séculos de Ouro espanhóis. Dentro de uma trama desenvolvida de maneira mais propriamente convencional, há um estudo psicológico de um homem, Don Carlos Román, obcecado por seus sentimentos a ponto de destruir a vida de uma jovem inocente para levar a cabo seu plano monomaníaco. O essencial da técnica narrativa reside no fato de que o leitor não averigua a motivação nem entrevê a estratégia de Don Carlos até o final do texto; assim, a única análise possível é a retrospectiva ou a empreendida mediante uma segunda leitura. Nesta, os eventos da primeira cobram dimensões de ironia e até de paródia, como num filme de Buñuel.

Em um nível, a história é uma crítica à moralidade burguesa e masculina que serve como fonte das tragédias de duas vidas — das duas esposas de Don Carlos — ou de cinco, se contarmos o suicídio de Rafael, a loucura solitária de Don Carlos e a quase inadvertida alienação e sofrimento de Dona Cástula. O desenvolvimento do conflito tem lugar na fictícia Comitán, cenário no qual, como já foi visto, as classes sociais se diferenciam rigidamente não apenas segundo linhas econômicas, mas também segundo preceitos culturais e até éticos que governam o comportamento dos membros de cada classe social, bem como as que são socialmente inferiores.

O veículo para a expressão do conflito é a vingança cruel de um esposo traído, que trata de restaurar, de uma maneira deformada, sua honra. Sua definição de honra é herança espanhola, assim como o idioma que fala. Don Román se convence que sua mulher não era virgem quando se casaram. Após anos de solidão, durante os quais planeja sua estratégia, decide restaurar sua honra danificada obtendo uma retribuição da família do homem que "estragara" sua mulher. Poder-se-iam analisar as atitudes de Don Carlos sobre o fundo de sua classe social e no contexto da sociedade provincial ou em relação ao código cultural vigente ou segundo as convenções dos gêneros literários. Do mesmo modo, as ações de Don Carlos poderiam ser analisadas política ou ideologicamente como o resultado de um conceito comercial da virgindade, isto é, em termos das relações de propriedade, como uma mercadoria que se vende e se compra. O texto de Castellanos provê material para estas interpretações variadas e simultâneas.

No início da narrativa, durante a longa conversa com Dona Cástula, o comportamento e os valores de Don Carlos são vistos, em um nível superficial, como inerentes à sua classe. Nesta conversa, Cástula vê a perda de sua própria virgindade como algo sem importância. Sua atitude sensata, comum entre as classes trabalhadoras, contrasta com a obsessiva e exagerada preocupação de Don Carlos com seu amor próprio. Cástula comenta: "Rancor. A que hora poderia tê-lo sentido? Desde a manhã até à noite, trabalho" (C, 102).

Neste aspecto, o texto argúi que as mulheres solteiras da classe média são mais oprimidas que as pobres. Nas "boas famílias", como a de Estela ou a de Romelia, a virgindade é uma das possessões mais apreciadas. É protegida por todos os membros da família, mulheres e homens, já que será usada como troca, no matrimônio. Assim as fêmeas casadouras da média e da alta burguesia se comparam a objetos de consumo que são vendidos ao melhor licitador. Romelia sonha com um marido que a proteja e a mime como a uma menina, ao mesmo tempo que a converta numa mulher rica e invejada. Romelia é o produto de sua criação familiar, de sua educação inferior e frívola, de suas circunstâncias sociais asfixiantes e de uma falsa moralidade. Mais abstrata e profundamente, é também o produto da tradição cultural do machismo e dos efeitos persistentes e insidiosos do culto católico à Virgem Maria, "modelo para todas as mulheres"[7].

As normas de conduta — como percebe Emelina, com inveja, em "Los Convidados de Agosto" — variam de acordo com a classe social. A obsessão em guardar a honra da família, como bem o demonstram os cavaleiros das obras de Lope de Vega, requer ócio e é um luxo a que não se dão as pessoas preocupadas principalmente com a sobrevivência, com ganhar a vida por meio do trabalho cotidiano. Num contexto social determinado, estas contrastantes normas de conduta ajudam a distinguir uma classe da outra. Assim, Don Carlos reage com uma arrogante falta de simpatia ante a história da vida de Cástula: "aos olhos de Don Carlos, o comportamento dessa mulher não provava mais do que a vileza de sua condição" (C,102). Embora, literariamente, haja uma paródia em tais juízos, desde o ponto de vista mais sociológico a reação é naturalista. A fome é mais real para Cástula do que a honra, apesar de toda uma vida de familiaridade e do fato de Cástula ter sido a única companheira de Don Carlos durante muitos anos, ainda que em condição de serviçal. As diferenças de sexo e classe causam uma distinção infranqueável entre os dois. Assim, quando Don Carlos pergunta a Cástula o que faria se tivesse em suas mãos um sedutor e pudesse castigá-lo e vingar-se, ela responde: "Patrão, eu sou mulher. Essas questões de vingança cabem aos homens. Não a mim" (C, 102). Dona Cástula começou a servir à família de Don Carlos como carregadeira deste (um menino ou menina serviçal que leva o bebê e funciona como seu companheiro ou cão de guarda). Deste trabalho — recorda com orgulho —, subiu por seus próprios méritos a criada, logo depois a cozinheira e, finalmente, a governanta. Dona Cástula, então, devido a seu lugar institucionalizado na família e na sociedade, dá por concluídas as diferenças de classes, mas não pode escapar de ser julgada e explorada economicamente pelos burgueses.

"El Viudo Román" é mais lento que os outros três contos de Los Convidados de Agosto, em parte devido à densidade dos textos (social, cultural, literário) ou contextos que oferece para interpretação. Como a narração se desenvolve de uma maneira tradicionalmente realista, só depois,

[7]. C. R. BOXER, "The Cult of Mary and the Practice of Misogyny", em Women in Iberian Expansion Overseas, New York, Oxford University Press, 1975, pp. 97-112.

ou numa segunda leitura, ocorre ao leitor questionar a probabilidade dos incidentes que, por um lado, imitam parodicamente os da novelística de uma Corín Tellado e, por outro, apresentam o paradoxo de se basearem numa história real.

A sensibilidade poética de Rosario Castellanos e sua percepção da linguagem literária como veículo ideológico fazem com que o realismo de sua obra não provenha unicamente do conteúdo, mas também da própria fibra da obra. Embora a autora opine, como já foi assinalado, que a tradição literária mexicana (que compartilha) tem sido sempre instrumento, reflexo ou vítima da ideologia, também se dá conta de que a literatura nunca foi "o mais idôneo veículo de expressão da ideologia... pela dificuldade inerente a toda arte e pelo contado número de iniciados capazes de gostar das manifestações estéticas e de compreendê-las"[8]. Com *Los Convidados de Agosto* testemunha e esgota "este veio de vida provinciana e arcaica"[9]. O fato de serem estes contos reflexo e veículo de ideologias não contradiz os fins e êxitos estéticos:

> Porque o testemunho do escritor mexicano é válido e deve-se confiar em sua palavra. Não se segue a vocação de escrever... com a esperança de alcançar prestígio, riqueza, popularidade. Os motivos têm que ser de outra ordem. A urgência de apreender a realidade e expressá-la em formas estéticas pode ser um deles, e muito forte. O imperativo moral de denúncia, outro. E, eventualmente, o afã de sobreviver numa página, rodeados de tudo o que temos amado, de tudo o que nos tem sido intolerável e doloroso. Do que nos sublevou e do que nos apaziguou. Presos a esse relâmpago momentâneo a cuja luz surpreendemos a beleza, a lei e o sentido do mundo e de nossa vida[10].

Trad. Maria Aparecida da Silva

---

8. CASTELLANOS, *Juicios Sumarios*, p. 82. Num sentido mais amplo, a definição de "ideologia" leva em conta o que Althusser chama "a relação *vivida* entre o indivíduo e o mundo", em seu famoso ensaio "Marxismo e Humanismo".

9. CASTELLANOS, *Juicios Sumarios*, p. 434.

10. CASTELLANOS, *Juicios Sumarios*, p. 130.

5. UM IDEAL ANACRÔNICO DE REALIZAÇÃO PESSOAL

A última coletânea de contos de Rosario Castellanos, publicada em 1971, consta de quatro relatos sobre mulheres. "Lección de Cocina" e o monólogo interior de uma recém-casada que divaga sobre as possibilidades e desvantagens de seu papel de dona-de-casa enquanto prepara a primeira refeição para seu esposo. "Domingo" refere-se a uma casada "bem ajustada" que conseguiu certa felicidade sacrificando suas ilusões e praticando a decepção. A personagem principal de "Cabecita Blanca" é uma viúva velha, feliz em sua viuvez, mas sem contato com a realidade das vidas daqueles que a rodeiam. O conto que empresta seu nome ao volume, "Album de Familia", trata de uma escritora famosa (solteira) e dos problemas das escritoras em geral. As quatro histórias exploram a identidade feminina e combinam o realismo sociológico e psicológico com declarações feministas.

O que se critica em "Lección de Cocina" é, em parte, a imagem da mulher difundida através das revistas femininas (como *Casa*, no México, ou o antigo *Ladies' Home Journal*, nos Estados Unidos) e os anúncios comerciais da televisão. A narradora pensa consigo mesma: "A cozinha resplandece de brancura. É uma lástima ter que maculá-la com o uso. Se deveria sentar para contemplá-la, para descrevê-la, fechar os olhos, evocá-la"[1]. Desde estas primeiras linhas do conto não se pode duvidar de sua rebelião e conflito ocultos. Tendo sacrificado sua anterior liberdade de movimento para se tornar uma dona-de-casa tradicional, a jovem decide tentar adaptar-se à nova situação e aceitar sua sorte. Com filosofia e ironia, procura evitar a amargura com humor. De pé na cozinha — cenário de toda a história — pensa:

> Meu lugar está aqui. Desde o princípio dos tempos tem estado aqui. No provérbio alemão a mulher é sinônimo de *Küche, Kinder, Kirche*. Andei extraviada em salas de aula, em ruas, em escritórios, em cafés; desperdiçada em destrezas que agora tenho de esquecer para adquirir outras. Por exemplo, escolher o *menu* (p. 7).

Embora sem experiência para esta ocupação, não parece ser muito difícil, pensa ao retirar do refrigerador um pacote de carne congelada. Sua mente divaga enquanto prepara a carne. Com o degelo, a cor vermelha recorda-lhe os ombros queimados pelo sol, os seus e os de seu marido, após terem feito amor nas praias de Acapulco durante a lua-de-mel. Quando volta a olhar aquele tempo se torna cínica quanto à relação. Vê-se obrigada a admitir que também sua vida sexual não tem sido tão satisfatória como a que os mitos sócio-culturais a havia feito esperar.

Durante toda a história, sua atenção oscila alternativamente entre a carne sobre o fogão e suas recordações e fantasias. Pergunta-se se não teria sido defraudada e lhe aparecem os primeiros sintomas de rancor:

> Me são atribuídas as responsabilidades e as tarefas de uma criada, para tudo. Tenho de manter a casa impecável, a roupa pronta, o ritmo da alimentação infalível. Mas não me é pago nenhum salário, não me é concedido um dia livre na semana, não posso trocar de amo. Devo, por outro lado, contribuir para a manutenção do lar e tenho de desempenhar com eficácia um trabalho no qual o chefe exige e os companheiros conspiram e os subordinados odeiam. Em meus breves momentos de ócio, me transformo numa dama de sociedade que oferece refeições e jantares aos amigos de seu marido, que freqüenta reuniões, que vai à ópera, que controla

1. ROSARIO CASTELLANOS, *Album de Familia*, México, Joaquín Mortiz, 1971, p. 7.

seu peso, que renova seu guarda-roupa, que cuida do viço de sua cútis, que se conserva atraente, que está em dia com os mexericos, que desvela e madruga, que corre o risco mensal da maternidade, que acredita nas reuniões noturnas de executivos, nas viagens de negócios e nas chegadas de clientes imprevistos... (p. 15).

Não tem pena de si mesma pois sabe que sua situação não é a única. Todas as suas antigas companheiras de classe compartilham os mesmos problemas. Quando a gordura a salpica e ela se afasta do fogão para não se queimar, confessa: "Não que me tenhas (seu marido) desfraudado. Eu não esperava, por certo, nada em particular" (p. 17). A estas alturas, já descartou a possibilidade de viverem sempre felizes. Imagina ironicamente: "E, um dia, tu e eu seremos um par de amantes perfeitos e então, na metade de um abraço, nos desvaneceremos e surgirá na tela a palavra fim" (p. 17).

Ocorre-lhe que, no próximo filme, gostaria de desempenhar outro papel. Poderia talvez ser uma mulher de carreira, famosa, rica, independente e superatraente, em New York, Paris ou Londres, o tipo de mulher que — nos filmes —. vive num formoso *penthouse* [cobertura] e tem *affaires* interessantes, mas que sempre permanece calma quando um deles acaba. Enquanto isso, a carne muda de cor. Encolhe, começa a queimar e fumaçar. Percebe que não se pode comê-la e, então, examina as alternativas. Deve mentir sobre a comida estragada e sugerir a ida a um restaurante? Deve encomendar-se à mercê de seu marido pedindo perdão por seu fracasso? Sabe que para preservar a tranqüilidade doméstica, dela se *esperam* sacrifícios pelo bem do casamento, porém estes não são grandes nem sublimes, mas sim meramente rotineiros. A carne queimada e consumida converte-se no símbolo de suas minguadas esperanças: a porção que em princípio parecia demasiadamente grande para os dois, no final é demasiadamente pequena para um só.

Em "Lección de Cocina", como no poema "Economía Doméstica", uma *persona* feminina tenta ajustar-se, obedientemente, a um papel feminino tradicional que lhe exige saber ou aprender uma variedade de habilidades domésticas e executar perfeita e orgulhosamente ocupações manuais. No poema, a *persona* fala da "regra de ouro" herdada de sua mãe:

Tener un sitio para cada cosa
y tener
cada cosa en su sitio.

[Ter um lugar para cada coisa
e ter
cada coisa em seu lugar.]

A protagonista nota, de forma similar, que as mulheres "herdam" toda classe de conhecimentos relativos à casa, embora ela não seja capaz de entender a terminologia de seu livro de cozinha.

A segunda história do livro, "Domingo", versa sobre uma mulher casada, Edith. Castellanos a apresenta com simpatia, mas não sem um terrível princípio moral: poucas casadas podem transcender a solidão e as que desejam permanecer casadas devem pagar tributo com a hipocrisia e o engano. A história começa num domingo pela manhã, durante os preparativos rituais do *open house* [recepção formal] semanal para os amigos, e termina no mesmo dia, pela tarde, com Edith esperando a segunda-feira. Castellanos estrutura a história com a finalidade de explorar a constituição psicológica de Edith, examinando sua decisão de permanecer casada e as concessões que se viu obrigada a fazer para conseguir uma boa vida no casamento. Embora Edith acredite, por exemplo, que seu marido Carlos tem um "aspecto insignificante, como um rato astuto", crê também que "na cama se comportava melhor que muitos" e "era um companheiro e amigo leal" (p. 29).

A casa de Edith é um modelo de conforto e de limpeza e ela, uma anfitriã e esposa capaz. Como diz a uma amiga: "nunca pretendi ser mais do que uma burguesa... E até isto dá trabalho!" Ela é, até certo ponto, o que a jovem mulher de "Lección de Cocina" aspira ser: uma mulher satisfeita com sua vida, boa no que faz, madura. Tem um casamento estável, filhos normais, amigos, um ex-amante e um *hobby* satisfatório: a pintura. A vida de Edith é boa, pensa consigo mesma, em comparação com as vidas dos amigos que chegam para passar em sua casa as tardes de domingo: Jorge, um homossexual infeliz, recentemente separado de seu companheiro; Vicente, um solteiro cuja última noiva lhe informa, por telefone, que acaba de abortar seu filho; Octavio, desafortunadamente casado com uma mulher possessiva e hipócrita; Lucrecia, a envelhecida amante do marido de Edith; Hugo, um Don Juan sociável e superficial; Hildegard, a acompanhante alemã de Hugo.

2. ROSARIO CASTELLANOS, *Poesía no Eres Tú*, México, Fondo de Cultura Econômica, 1972, p. 301.

No chuveiro, antes da chegada dos hóspedes, Edith canta e se relaxa, goza da sensação agradável da água e — pensa — alegra-se por estar viva. Lamenta o vazio criado em sua vida pela partida de seu ex-amante, Rafael, mas sabe que "havia a seu redor vários candidatos disponíveis" (p. 28). De qualquer forma, reflete, já não se trata de buscar uma grande paixão, mas sim de esquecer uma grande paixão, do mesmo modo que Rafael havia representado uma consolação quando a grande paixão que ela havia sentido por seu marido terminara em familiaridade e desilusão. No final da história, Edith observa a solidão de Jorge, a intimidade de seu esposo e Lucrecia, os jogos masculinos existentes entre Vicente, Hugo e Octavio por Hildegard, e sente-se excluída. Por um momento sente saudades de Rafael, mas então:

... recordou o quadro começado em seu estúdio, o leve atrito das calças de algodão contra suas pernas; o suéter velho, tão natural como sua segunda pele. Segunda-feira. Agora recordava, além disso, que havia marcado um encontro com o jardineiro. Inspecionariam juntos o canteiro de hortênsias que não estava se dando bem (p. 46).

O elemento principal da terceira história da coletânea, "Cabecita Blanca", é uma viúva, a Senhora Justina, muito menos sofisticada que as mulheres das duas primeiras histórias e mais tradicional em seu sistema de valores e de crenças. Define a si mesma em função do marido que perdeu e dos três filhos que não compreendeu. Devido à sua cega adesão à tradição e à sua idade avançada, a Senhora Justina representa uma perspectiva diferente sobre a situação doméstica das mulheres da classe média, no México[3]. Pelas mesmas razões, uma ironia contínua está presente no relato do conto, pois Castellanos e o leitor compreendem melhor a vida e a família da Senhora Justina do que ela própria.

Dona Justina não está ressentida, embora seus filhos já estejam crescidos e lhe possam dedicar pouco tempo; ainda assim, considera-se afortunada se comparada à sua irmã mais velha, Eugenia, "amargurada como todas as solteironas" (p. 99). Eugenia, diferentemente dela — pensava com vaidade Dona Justina —, tem pouca idéia do que é a vida

3. Ver GABRIEL CAREAGA, *Mitos y Fantasías de la Clase Media en México*, México, Joaquín Mortiz, 1975. Também HELEITH A. B. SAFFIOTI, "Relaciones de Sexo y de Clases Sociales", em *La Mujer en América Latina*, México, SEP, 1975, col. 2, pp. 35-59.

e o casamento. Eugenia pensava, por exemplo, que "o lugar de um homem é seu trabalho, a cantina ou a casa da concumbina" (p. 49), enquanto que a Senhora Justina sabia que "o lugar adequado para um marido era aquele no qual repousava agora seu defunto Juan Carlos" (p. 49). Ela havia conhecido Juan Carlos numa associação religiosa e iniciaram o noivado trocando mensagens espirituais. Ela se havia horrorizado com o ardor de Juan Carlos na noite de núpcias, mas se controlou graças ao que sua mãe lhe havia aconselhado: que a virtude suprema de uma esposa consciensiosa é a prudência (que Dona Justina interpretou como silêncio, assentimento, submissão). O padre lhe assegurou que os ataques de seu esposo eram transitórios e que diminuiriam em intensidade e freqüência com o passar do tempo, até cessarem por completo. De fato, depois do nascimento do primeiro filho, Juan Carlos arranjou uma secretária, começou a passar mais tempo no trabalho e deixou em paz sua mulher, sem que ela se desse conta da razão desta mudança.

Seu primogênito, um varão, foi sempre seu favorito, sem que a Senhora Justina perceba que é homossexual. Um menino modelo desde o princípio e, depois, um decorador bem-sucedido, Luisito era seu gozo, seu consolo. Sente-se distanciada de suas filhas, uma solteira e a outra, abandonada pelo marido. Mais que isso, quase lhes tem aversão, mas não admitiria nunca essa falta de afeto por suas filhas. Luisito vai, por uns tempos, para os Estados Unidos com seu amigo Manolo e regressa sozinho e mal-humorado, o que sua mãe não pode entender. E como Dona Justina quase não logra uma comunicação significativa com seus filhos, sente-se confundida:

> Estava velha, doente. Gostaria que a rodeassem os netos, os filhos, como nas estampas antigas. Mas isso era uma espécie de sonho e a realidade era que ninguém a visitava e que Lupe, que vivia com ela, lhe avisava freqüentemente que não iria para comer ou que ficaria para dormir na casa de uma amiga.

Inclusive quando Lupe está em casa, queixa-se, consigo mesma, a Senhora Justina: "tampouco era possível conversar com ela. Respondia com monossílabos quase inaudíveis e se a Senhora Justina a encurralava para que falasse, adotava um tom de tal insolência que mais valia não a ouvir" (p. 63). Luisito havia saído de casa quando jovem por não se dar bem com o pai e agora não estava disposto a regressar. Agradaria à viúva poder viver com ele em seu apartamento, mas Luisito estava bem como estava. Ela não podia exigir mais do que ele poderia dar: uma visita diária. Sempre lhe chegava com um sorriso: que diferença, pensa a velha, do comportamento desagradecido de Lupe.

As relações pessoais em "Cabecita Blanca" sugerem a violência reprimida e o ressentimento das obras de Tennessee Williams e Eugene O'Neill. A Senhora Justina não compreendeu seu marido, não quis compreendê-lo e, portanto, não pode imaginar a tensão entre ele e seu filho. Não surpreende o fato de ela aplicar uma dupla medida para julgar o comportamento de seus filhos, pois sua visão da vida se forma por meio de uma normativa essencial polaridade dos sexos[4].

"Album de Família" é o mais longo e complexo deste grupo de contos. Vários anos antes, Castellanos havia tentado escrever um drama baseado num tema e em personagens semelhantes, mas nunca o concluiu[5]. A história gira em torno de Matilde Casanova, uma escritora de fama internacional, que regressou recentemente ao México, do estrangeiro. Está em Acapulco acompanhada de sua secretária particular, Victoria, que arranjou uma visita de duas antigas estudantes de Matilde e três de suas próprias amigas e companheiras de Universidade, que também são escritoras. Na verdade, muito pouco acontece na história: trata-se, como sugere o título, de uma espécie de "álbum" que inclui, ao mesmo tempo, retratos individuais e uma pintura em grupo das mulheres. Por seu propósito de demonstrar soluções individuais de problemas coletivos ou paralelos, "Album de Família" pode ser comparado a *The Group*, de Mary McCarthy e a *Small Changes*, de Marge Piercy.

A personagem principal, Matilde, que acaba de receber o Prêmio das Nações, pode estar baseado em Gabriela Mistral (inclusive pelo fato de, em certo momento da história, mencionar-se o nome da poetisa chilena como outra autora latino-americana premiada). A história é, em grande parte, uma complexa sátira, por vezes ambivalente. O meio ambiente focalizado é o literário; as sete mulheres são intelectuais e escritoras. Enquanto estas conversam e se criticam mutuamente, Castellanos trata de demonstrar que seus pre-

---

4. Ver ADRIENNE RICH, *Of Woman Born: Motherhood Experience and Institution*, New York, W. W. Norton, 1976, Caps. 9 e 10.

5. O drama foi publicado com o título "Tablero de Damas", *América: Revista Antológica*, n. 68 (jun. 1952), pp. 187-202.

conceitos e loucuras refletem a sociedade na qual se formaram e na qual vivem. Assim, no começo da história, durante a discussão entre Victoria e a repórter, Castellanos procura frisar que esta não é feminista e, portanto, pode representar a reação geral da nação ante o sucesso de Matilde. Victoria pergunta:

— E como interpretam — refiro-me aos que içam a bandeira do machismo nacional —, como digerem, como suportam, como perdoam o triunfo de Matilde? — Como qualquer outro campeonato. O campeão desaparece por trás do halo de glória e o mérito se reparte entre todos os compatriotas (p. 69).

A repórter não julga o talento de Matilde, mas explica a obtenção do prêmio internacional desde vários ângulos políticos. Matilde é latino-americana e a América Latina é um mercado promissor para os produtos escandinavos. Além disso, Matilde é do México, o único país do hemisfério que teve uma revolução verdadeira (os Estados Unidos são "outro planeta" (p. 70) e ela não menciona Cuba). Finalmente, diz a repórter, Matilde Casanova é uma mulher e, portanto, é imune à rivalidade e à competição existente entre os escritores mexicanos masculinos: "Afinal, uma mulher intelectual é uma contradição, logo, não existe" (p. 71). Em outras palavras, a repórter acredita que Matilde se beneficia com a discriminação inversa. O que mais parece interessar a Castellanos — já que dedica uma quarta parte da história ao diálogo entre a repórter e a secretária de Matilde —, é o fenômeno total de superestrelato literário, incluindo a questão do escritor frente a frente com a imprensa. A repórter confessa que nunca havia lido nenhum dos escritos de Matilde, e que seus comentários com Victoria, tanto sobre Matilde como pessoa quanto sobre suas obras, foram tomados da seção literária dos jornais. Quando a repórter pede o título do próximo livro de Matilde para poder conseguir uma "exclusiva", Victoria responde ironicamente que Matilde não tem nenhum "próximo livro": "Não escreve, não tem tempo. E para que devia escrever? É uma celebridade e basta" (p. 75).

Victoria, que confessa ser feminista, se expressa neste diálogo a partir de uma posição que, muitas vezes, parece representar também a de Rosario Castellanos[6]. A preocupação de Victoria é menos legal ou teórica ou sócio-cultural. Explica Matilde como um fenômeno latino-americano: "...meus

6. Cf. seus ensaios em *Mujer que Sabe Latín*, México, SEP, 1973; e em *El Mar y sus Pescaditos*, México, SEP, 1975.

compatrícios são invejosos como bons descendentes de espanhóis. Suponho que deva ser da parte dos índios que herdaram hipocrisia suficiente para organizar as peregrinações que aqui chegam para felicitar, para congratularem-se..." (p. 72). Victoria, com grande sarcasmo, também instrui a repórter sobre como organizar o relato da entrevista firmada com Matilde:

> Descreva este acontecimento como uma manifestação de solidariedade das mulheres do México para com quem, rompendo as cadeias ancestrais, conquistou para sua pátria o laurel imarcescível. Sim, eu disse imarcescível. Dosifique os adjetivos de maneira a que as senhoras não se alarmem nem os senhores protestem (p. 76).

Além disso, Victoria pede à repórter que fale às jovens da licitude de admirar Matilde e da possibilidade de seguir seu exemplo. Sugere secamente a eficácia de mencionar Soror Juana, se isso ajudar. E recomenda que fale da igualdade: "Já que criamos um mito, que pelo menos seja útil; que abra novas perspectivas para as mulheres mexicanas, que derrube os obstáculos que as impedem de avançar, de serem livres" (p. 76). A jornalista não concorda com a idéia de que as mulheres *não* são livres e iguais. De qualquer forma, é a favor da discrição; as mulheres não devem mostrar militância nem desafiar o sistema. Victoria responde, por sua vez, que tal atitude promove a dissimulação e o fingimento, "o método de nossas avós" (p. 77), que requerem a humilhação das mulheres como também seu silêncio ou suas mentiras. A repórter objeta a estas palavras e isto faz com que Victoria (Castellanos) termine a discussão dialética com um ataque à imprensa: um jornalista não é um escritor, mas sim alguém que renunciou a ser escritor, perdeu o respeito à linguagem e, com freqüência, à verdade.

Aparece, por fim, Matilde. Castellanos a apresenta, em princípio sem simpatia, como temperamental, egoísta e instável. Matilde, como Borges em "Borges y Yo", protesta estar alheia à sua lenda pública e ser diferente dela. Contudo, parece acreditar na máscara criada por si mesma. A neutralidade facial da personagem, "que em certos anos chegou a assumir um aspecto de paralisia", acabou por resolver-se no "gesto hierático dos índios dos quais Matilde, já desde antes, se havia proclamado descendente orgulhosa" (p. 81). Embora a família de Matilde seja rica, ela desertou para unir-se aos ignorantes e aos pobres. Victoria observa que Matilde acabou, por fim, "como era no princípio e ainda mais alta, na crista da onda" (p. 81). É claro que, apesar de Matilde poder estar desempenhando um papel, seu sofrimento e sua infelicidade são genuínos, porque é vítima de sua máscara pública e de sua fama. Devido à sua insegurança, tem medo até de enfrentar o reduzido número de mulheres que vieram a Acapulco para visitá-la.

Josefa Gándara, do trio de velhas amigas, é a primeira a chegar. Está nervosa e tensa, fatigada, vestida e penteada com descuido. Casada e com três filhas, leva uma vida "monótona e limitada" (p. 87). Embora no começo afirme que as meninas não a impedem de escrever, servindo-lhe até como estímulo, mais tarde revela que deve ajudar a manutenção da casa com escritos mercenários para o jornal, novelas radiofônicas e roteiros de cinema. "Nem sempre se obtém a tempo o Prêmio das Nações", diz em tom de burla (p. 89).

Com a entrada da personagem seguinte, Aminta Jordán, se evidencia a ciumenta intolerância e a longa rivalidade entre as escritoras. Se Josefa representa a mulher que abandona a arte de escrever, em grande parte por motivos econômicos, Aminta representa a escritora desviada pelo desejo de fama e notoriedade. Quando Josefa a acusa de ser pouco mais que uma prostituta, Aminta responde que não fez concessões ao público e que seus livros são "metafísica pura" (p. 91); mas é uma estrela e sua conseqüente popularidade explica o enorme número de contratos que lhe oferecem para atuações pessoais, funções de *night clubs* e papéis principais no cinema. Aminta é pintada por Castellanos como uma mulher exageradamente fútil e invejosa. Assim como Josefa representa um grupo de escritoras no México — as que se tornam secretárias ou repórteres para viver —, Aminta representa um grupo que sobrevive graças à publicidade. Ela é a criação de vários tipos de agentes de publicidade e seu sucesso depende deles, não da qualidade de sua obra.

A terceira mulher do trio é uma cuja modesta reputação se baseia inteiramente em seus escritos e que permanece entregue à sua arte, apesar das pequenas recompensas recebidas e apesar de não ser mencionada pelos críticos. Luisa Josefina Hernández poderia ser o modelo de Elvira, assim como Gabriela Mistral o de Matilde. Qualquer uma entre as dúzias de escritoras poderia ser o modelo de Josefa. Ninguém se atreve a especular sobre as Amintas da vida real, mas é possível que seu tipo se torne cada vez mais comum na era da televisão.

As duas jovens da história, Cecilia e Susana, representam uma geração posterior à de Matilde, Victoria e das outras três. Apresentam-se também como *leitoras* (abominam a obra de Aminta e admiram a de Elvira). Na verdade, todas as mulheres foram discípulas de Matilde. Em certo momento, Elvira cita-a, dando, assim, um indício do tipo de modelo que lhes projetou Matilde como mestra e do sabor das prédicas que havia usado para inspirar a suas possíveis seguidoras: "Escolher é recusar; recusar é limitar-se e limitar-se é morrer". Quando Matilde pergunta de quem é a citação, Elvira responde: "Nós a escutávamos, então, como agora, religiosamente" (p. 99).

Na segunda parte da história, a caracterização de Matilde procede de duas diferentes direções: a personagem se desenvolve enquanto fala às demais e, depois, estas contribuem para uma interpretação adicional quando, em sua ausência, falam de Matilde. Por meio de suas intervenções, Matilde começa a revelar sua inteligência, seriedade, generosidade e seu sentido de responsabilidade, tudo o que torna mais verossímil sua carreira. Tem muito o que dizer sobre a arte de escrever, sobre a sociologia da literatura e sobre a problemática profissão de escritor. Faz, por exemplo, um comentário sobre o perigo da publicidade. Assim que o primeiro livro do escritor está na rua, "da maneira mais inesperada, vem um turbilhão de entrevistadores, de fotógrafos, de cargos, de responsabilidades. É como se o mundo inteiro confabulasse para esmagar o autor, para impedi-lo de escrever sequer mais uma linha" (p. 102). Fala da criatividade, da necessidade de escrever, da solidão do escritor e da absorção mental, da dedicação e do compromisso, ao mesmo tempo que da sorte no mercado de livros. Recorda suas próprias experiências, como se isolou, durante algum tempo, no quarto alugado, afastada de seus amigos e conhecidos para não se distrair de seu texto e, mais tarde, como quis ajudar as pessoas de forma mais prática. Tornou-se professora rural, vivendo entre os índios, embora eles não falassem espanhol e ela tampouco fosse capaz de aprender a língua deles. No segmento final da história, como continuação do repentino ataque neurótico de Matilde e de sua saída da sala, as mulheres começam a discutir o fenômeno Matilde Casanova com "o secreto regozijo dos iconoclastas que acabam de descobrir os pés de barro de um ídolo até então reverenciado" (p. 119). Especulam maliciosamente sobre se o estado emocional se deve à menopausa, se consome drogas ou se é ocultista, sobre se tem vida sexual e, se não, por que não, ou talvez, se é lésbica.

Então Elvira, Aminta, Josefa e Victoria voltam-se sobre cada uma de suas próprias vidas. Elvira sacrificou o casamento por sua carreira; Josefa, sua carreira pelo casamento. Por um momento, as mulheres se atacam mutuamente com inveja, discutindo não só suas vidas individuais, mas também seus estilos literários, suas pretensões, crenças e ilusões. Elvira começa a recordar os tempos de escola de todas elas, seu curso de teoria literária com Matilde e o início de sua vocação para escritora. Recordam os problemas que tiveram com seus companheiros masculinos e com os condescendentes e, às vezes, lascivos mestres. Percebem que todas tiveram de ser heróicas. Aminta, por exemplo, em sua liberdade (como Rimbaud), ou Josefa, ao tratar de racionalizar e integrar as facetas domésticas e profissionais de sua vida:

> Como a perfeita casada de Frei Luis, te levantas ao amanhecer e vigilas e te afainas o dia inteiro servindo aos teus. E enquanto velas, quando todos dormem, escreves poemas. Com cuidado, para que o rascar da pena sobre o papel não perturbe o silêncio noturno... (p. 130).

Nenhuma delas, com exceção de Josefa, tem algo de bom a dizer sobre o casamento. Pouco a pouco, ao descobrirem o muito que têm em comum, começam a ver seus problemas, separados, como soluções alternativas do mesmo problema. Num momento, Victoria resume a mensagem principal da história:

> No México, as alternativas e as circunstâncias das mulheres são muito limitadas e muito precisas. Aquela que deseja ser algo mais que filha, esposa ou mãe, pode escolher entre converter-se numa ovelha negra ou num bode expiatório; numa pedra de escândalo ou de tropeço; num objeto de inveja ou de escárnio (p. 149).

Naturalmente foi Matilde quem se converteu em tudo isso. Victoria observou-a, esteve junto a ela, apoiando-a no triunfo e na depressão, não apenas quando Matilde estava no cume, mas também agora, em seu declínio. Victoria é quem consente, quem decide que prólogos deverá escrever Matilde e para que autores, a quem receberá, a quem ajudará. E Victoria é quem convence às demais, e ao leitor, que Matilde, em breve, será um monstro. Ela é o que parece ser, e é tão autêntica e completa como tais monstros costumam ser.

"Album de Familia" é menos interessante como história do que como foro de discussão de mulheres escritoras. É uma obra extensa e difícil, talvez de maior sucesso se fosse um drama. Contudo, Matilde, como personagem, em particular, é admirável e completamente nova na literatura latino-americana. Visto em seu conjunto, o conto demonstra vários acertos de Castellanos. Surpreendentemente, reivindica em nome de todas as personagens, proeza que parecia impossível no início da história. Poder-se-ia resumir a mensagem central do conto, que também serviria de anotação final para toda a coletânea, referindo-se a um dos poemas de Castellanos, "Meditación en el Umbral"[7]. Deve haver outro modo de a mulher ser mulher:

Otro modo de ser humano y libre
Otro modo de ser.

Trad. Maria Aparecida da Silva

---

7. CASTELLANOS, *Poesía no Eres Tú,* p. 326.

6. OS ENSAIOS: PARA UM AUTOCONHECIMENTO

Ao examinarmos o desenvolvimento criativo da ensaística de Rosario Castellanos (desde *Sobre Cultura Femenina*, 1950[1], até seus artigos publicados em *Excélsior*, durante a década de setenta), verificamos que o mais importante é a progressiva autodefinição artística da autora e o simultâneo decréscimo dos chamados "fenômenos de inferiorização"[2]. Este desenvolvimento pode ser estudado tanto em sua ficção e em sua poesia como em seus ensaios, embora, nestes últimos, segundo penso, a possibilidade de má interpretação da evolução ideológica — permitindo o autoconhecimento —

---

1. CASTELLANOS, *Sobre Cultura Femenina*, México, Ed. de "América", 1950.

2. A expressão é de SANDRA M. GILBERT e SUSAN GUBAR, *The Madwomen in the Attic*, New Haven, Conn., 1979, p. 50.

seja muito menor. Esses escritos, além disso, ajudam a explicar sua obra em outros gêneros e esclarecem algumas mudanças drásticas da linguagem de Castellanos.

A ensaística de Rosario Castellanos ainda não foi estudada sistematicamente ou em profundidade, com a rigorosa e erudita atenção que despertaram, em anos recentes, sua ficção e sua poesia[3]. O desenvolvimento da obra poética, tal como foi comentada pela crítica, tanto no México como nos Estados Unidos e em outros países, é paralelo ao progresso ideológico de seus ensaios. Em alguns dos primeiros ensaios, escritos durante os anos sessenta, tais como "Ideología y Literatura", a influência de Lukács era considerável. A persistente preocupação com a justiça social textualizada em seus romances *Balún-Canán* e *Oficio de Tinieblas* e nos contos de *Ciudad Real* estende-se a toda obra ensaística. Assim, num artigo de 1964, "Las Indias Caciques", ela analisa a desigualdade da mulher através de uma comparação com a desigualdade dos índios:

> Desde que, no México, deram à mulher direitos cívicos, enchemos a boca falando da igualdade conquistada. E, no entanto, basta a mais sumária análise das circunstâncias reinantes para compreender que é uma igualdade como a dos índios em relação aos brancos: legal, mas não real[5].

Verifica-se, portanto, que Castellanos viu desde cedo os problemas da mulher dentro de um contexto social, econômico e histórico. Ela relaciona a luta da mulher com outras lutas. E escreve, num ensaio de 1965, "Historia de una Mujer Rebelde":

> Ninguém se salva sozinho, disse Sartre. E, no dia em que desejarmos encontrar uma mulher autenticamente respeitável, será porque não existirão os fatores que impedem seu surgimento: o tirano e o povo oprimido, o opulento e o que nada possui, o verdugo e a vítima[6].

Também é importante esclarecer, de saída, que a ideologia feminista é só um aspecto de seu pensamento, assim

---

3. Para uma bibliografia ampla de estudos sobre Castellanos, ver MAUREEN AHERN e MARY SEALE VÁSQUEZ, *Homenaje a Rosario Castellanos*, Valencia, Espanha, Albatros-Hispanófila, 1980.

4. Este ensaio se encontra em *Juicios Sumarios*. Xalapa, Universidad Veracruzana, 1966, pp. 76-82.

5. *El Uso de la Palabra*, México, Editores Mexicanos Unidos, 1982. Todas as citações serão feitas desta edição.

6. *El Uso de la Palabra*, p. 42.

como sua crítica feminista é apenas uma parte de sua crítica — mas, para mim, é a parte mais significativa e marcante de sua produção ensaística. Como acredito que não se pode entender a obra de Castellanos sem levar em conta seu processo de autodefinição artística, seu questionamento em torno de sua identidade (ou, se preferirem, papel) sexual e sua tendência feminista, dediquei maior atenção, neste ensaio, aos escritos capazes de elucidar esses ângulos.

Do ponto de vista estilístico, o desenvolvimento criativo que leva Castellanos a se afastar do abstrato, aproximando-se do concreto (evolução que ela própria reconheceu em várias entrevistas e artigos), reflete-se não apenas em sua poesia, mas em todo o seu trabalho. A poética dominante em seus ensaios posteriores se vislumbra já em sua *ars poetica*, "Poesía no Eres Tú", uma rejeição do hermetismo elitista e da linguagem auto-reflexiva, em favor de um ideal de comunicação com o leitor em geral — que, para ela, representa *o outro* de Simone de Beauvoir, de Sartre e dos demais existencialistas:

O outro: mediador, juiz, equilíbrio
entre opostos, testemunha,
nó com o qual se amarra o que se rompeu.

O outro, a mudez que pede voz
ao que tem voz
e reclama o ouvido de quem escuta.

O outro. Com o outro
começa a humanidade, o diálogo, a poesia[8].

Este ideal artístico se textualiza, na ensaística de Castellanos, através de um uso crescente da linguagem coloquial, de um tom nada solene e declarações, implícitas ou explícitas, de compromisso (também dentro do código e do léxico

---

7. Em *El Mar y sus Pescaditos* (México, SEP, 1975), que foi publicado postumamente numa edição de 30 mil exemplares, na Colección SepSetentas, escreve sobre Borges, Bullrich, Carpentier, Cortázar, García Márquez; sobre Samuel Beckett e sobre Roland Barthes; de Ezra Pound e de Macedonio Fernández; de Jaime Torres Bodet e de Carlos Monsiváis; analisa *Pedro Páramo* e *Hasta no Verte Jesús Mío*; estuda José María Arguedas, do Peru, e Pablo Neruda, do Chile. Teoriza sobre arte e destinatário, sobre história e literatura; o pessimismo latino-americano; o novo romance e o indigenista; o realismo mágico e o realismo crítico; a crítica estruturalista e a marxista.

8. *Poesía no Eres Tú*. México, Fondo de Cultura Económica, 1972, pp. 311-12.

existencialistas ainda manejados nos anos sessenta) com a transformação social. Quanto mais avança Castellanos em sua conscientização feminista e em seu autoconhecimento, mais avança, também, "o outro", no sentido de que se torna menos abstrato e filosófico, transformando-se, progressivamente, num leitor imaginário, porém verdadeiro (de *Excélsior*, no caso dos ensaios).

A primeira coletânea de ensaios de Castellanos, *Juicios Sumarios*, foi publicada em 1966 e mais três coletâneas apareceram na década seguinte: *Mujer que Sabe Latín*, *El Uso de la Palabra* e *El Mar y sus Pescaditos*[9]. Os textos do primeiro volume, *Juicios Sumarios*, editado em Xalapa, pela Universidad Veracruzana, giram sobretudo em torno de temas literários, a literatura mexicana e latino-americana em geral, mas também em torno de obras espanholas, francesas, alemãs, inglesas e japonesas. O volume inclui os primeiros artigos de Castellanos contendo questionamentos feministas: aqueles sobre Soror Juana Inés de la Cruz, Santa Teresa de Jesus, Simone de Beauvoir e Virginia Woolf. Suas resenhas das memórias de Simone de Beauvoir e, especialmente, de *Le deuxième sexe*, bem como de *Three Guineas* e *A Room of One's Own*, de Woolf, sublinham, segundo creio, o início de seu pensamento feminista e sua ambivalência quanto a ele[10]. Essas duas escritoras estrangeiras foram, certamente, as que mais influência exerceram na primeira etapa de seu desenvolvimento ideológico feminista. Woolf, aparentemente, a entusiasmou e, ao mesmo tempo, deixou-a perplexa (por seu conceito de androginia), mais do que Beauvoir, e foi um modelo da maior importância para Castellanos, quanto a seu papel de escritora.

Em "Virginia Woolf o la Literatura como Ejercicio de la Libertad", Castellanos admite os "conflitos emocionais e intelectuais" das escritoras e conclui:

Evidentemente, esses estados de espírito são menos propícios para a serenidade contemplativa, que não só a criação, mas também a simples vida normal requerem. O nó impossível de desatar, a angústia, a rebeldia ou a lamentação ante a própria condição de inferioridade podem exacerbar-se até a loucura...[11]

9. *Mujer que Sabe Latín*, México, SEP, 1973.

10. Já em *Sobre Cultura Femenina* se refere a Woolf quase desde o princípio (p. 32), mas basicamente não entende ainda o feminismo.

11. *Juicios Sumarios*, p. 339.

O que considero importante é o fato de Castellanos ter aprendido, com Virginia Woolf, algo que não poderia aprender com Soror Juana: a apreciar o valor das escritoras que a haviam precedido. E, embora Castellanos se identificasse com a vocação de Soror Juana, solidarizando-se abstratamente com seus problemas, foi *A Room of One's Own*, de Woolf, a obra que a levou a meditar concretamente sobre seus próprios problemas, seus silêncios e sua vida, sobre o que haviam enfrentado outras escritoras através dos séculos e, ainda, no século vinte. Resume ela (seguindo Woolf):

> Mas, quando o cultivo das letras deixou de ser extravagância de aristocratas, para se transformar em ofício de mulheres da classe média, o panorama mudou. Antes de mais nada, Aphra Behn demonstra algo elementar: que escrever é uma maneira de ganhar a vida. A partir desse momento — e no século dezoito — a profissão de escritora ganhou uma auréola de prestígio e atraiu uma multidão de mulheres que, assim, puderam manter sua família ou pagar seus próprios caprichos... Mas, inadvertidamente, preparava-se o surgimento de seres dotados de maior talento e seriedade. É hora de citarmos Jane Austen, as irmãs Bronte, George Eliot. [Conclui]: Nenhuma delas teve a solidão suficiente para se entregar livremente a sua vocação[12].

A persistente preocupação de Castellanos com os problemas das escritoras ainda se evidencia em seus escritos posteriores, em poemas como "Meditación en el Umbral"[13] e nos ensaios feministas de *Mujer que Sabe Latín*.

Em matéria jornalística publicada no outono de 1970, Castellanos fala de uma marcha de mulheres, nos Estados Unidos, acompanhada de greve nacional. Volta sua atenção para a mulher mexicana e pergunta, provocativa e instigadoramente: "Será que não há mulheres entre nós? Será que os rituais da abnegação as atarantou de tal maneira que não se dão conta de quais são as suas condições de vida?"[14] Embora advogue que seja imitado o ativismo da mulher norte-americana, ela enfatiza a importância do desnível sócio-econômico existente entre América Latina e Estados Unidos. Conclui esse artigo, dirigido aos leitores de classe média do *Excélsior*, lembrando-lhes o efeito negativo que a servidão teve para o desenvolvimento da consciência feminista pequeno-burguesa na América Latina:

12. *Juicios Sumarios*, p. 339.
13. *Poesía no Eres Tú*, p. 326.
14. *El Uso de la Palabra*, p. 66.

Porque ser um parasita (é o que somos, mais do que vítimas) não deixa de ter seus encantos. Mas, quando o desenvolvimento industrial do país nos obrigar a nos empregarmos em fábricas e escritórios, e a cuidar da casa, dos filhos, da aparência e da vida social... Quando desaparecer a última criada, a almofada sobre a qual repousa agora nosso conformismo, aparecerá a primeira rebelde furibunda[15].

O movimento feminista norte-americano foi o principal responsável pelo incremento do novo momento da mulher mexicana e pelas melhores obras feministas de Castellanos: os artigos, contos e poemas dos anos setenta. Num artigo de 1972, "La Liberación del Amor", ela zomba de suas leitoras, tentando animá-las:

E a senhora, abnegada mulherzinha mexicana em vias de emancipação: o que fez em prol de sua causa, nos últimos meses? Imagino a resposta óbvia: repassar o texto já clássico de Simone de Beauvoir, seja para discordar ou para apoiar seus próprios argumentos ou, pura e simplesmente, para se inteirar. Manter-se a par dos livros que aparecem, um após o outro, nos Estados Unidos: as exaustivas descrições de Betty Friedan, a agressividade de Kate Millet, a lúcida erudição de Germaine Greer[16].

Embora tenha sido amplamente citada uma afirmação de Elena Poniatowska, de que a tese de Castellanos, de 1950, foi o ponto de partida do movimento feminista contemporâneo no México[17], *Sobre Cultura Femenina* representa mais o ponto de partida da própria Rosario Castellanos. O trabalho não foi escrito no início de uma nova onda feminista no México (ou na América Latina), mas foi uma reação aos estertores finais de uma onda anterior, que precedeu o sufrágio feminino no México, em 1953 (direito pelo qual se esteve lutando desde 1919). Na realidade, *Mujer que Sabe Latín*, publicado em 1973, dois anos antes do Ano Internacional da Mulher, teve muito mais importância nacional — e foi lido por feministas mexicanas — do que a que poderia ter tido *Sobre Cultura Femenina*, um pesado estudo acadêmico, felizmente pouco conhecido no México e que a própria Castellanos evita mencionar, desde que foi publicado. Mesmo assim, a tese é interessante, no presente contexto e do ponto de vista ideológico de Castellanos. E, embora já haja mostras generosas da famosa ironia de Rosario Castellanos em

---

15. *El Uso de la Palabra*, p. 67.

16. *El Uso de la Palabra*, p. 68.

17. Cf. nota 25 do capítulo "O Feminismo Poetizado" neste livro, pp. 23-38.

sua tese, não estou de acordo com a afirmação de que "Sua vida e a obra posterior a essa tese, a escrita entre 1950 e 1974, são um testemunho fiel de que ela jamais acreditou nesses conceitos errôneos"[18]. Pelo contrário, todo o texto nos leva a concluir que sim, que acreditou em alguns. Ela cita filósofos e psicólogos do sexo masculino (Schopenhauer, Weininger, Simmel, Nietzsche, Freud e dezenas de outros) para argumentar que é inegável que as mulheres são inferiores e examina, em seguida, as poucas exceções. Assim, escreve:

> De seu ponto de vista eu (e, comigo, todas as mulheres) sou inferior. Do meu ponto de vista, moldado tradicionalmente através do seu, também sou. É um fato indiscutível que está ali. E pode ser que até esteja bem. O tema a discutir é que minha inferioridade fecha para mim portas sucessivas, através das quais eles passam folgadamente e vão dar num mundo luminoso, sereno, altíssimo, que eu sequer imagino e do qual só sei que é incomparavelmente melhor que aquele onde vivo, este tenebroso, com sua atmosfera quase irrespirável, por sua densidade, com seu solo pelo qual se avança sinuosamente, em contato com as mais grosseiras e repugnantes realidades. O mundo que para mim está fechado tem um nome: chama-se cultura. Seus habitantes são todos do sexo masculino. Denominam a si mesmos homens e humanidade a sua faculdade de viver no mundo da cultura e de se aclimatar a ele[19].

Parece óbvio que Castellanos aceita as enganosas premissas do século dezenove — derivadas do determinismo biológico e dos ensinamentos religiosos — referentes à superioridade moral do sexo masculino. A partir daí, acredita que as mulheres excepcionais (Safo, Santa Teresa, Gabriela Mistral) — as "masculinizadas" — constituem a prova do preceito da inferioridade natural da mulher. Em 1950, escreve Castellanos:

> Estas mulheres e não as demais são o ponto central da discussão; elas, não as outras, são o problema. Porque não quero, como as feministas e os feministas, defender a todas mencionando umas poucas... Com efeito, estudando sua morfologia, suas atitudes, suas preferências, descobrem-se nelas traços marcadamente masculinizados... O que eu quero é tentar uma justificação dessas poucas mulheres excepcionais, compreendê-las, investigar... o que as fez encaminharem-se para a realização dessa façanha, de onde extraíram a força para modificar suas condições naturais e transformarem-se em seres aptos para tarefas que, no mínimo, não lhe são habituais[20].

18. MARGARITA CADENA PONCE, *La Ironía en la Poesía de Rosario Castellanos*, p. 30.
19. *Sobre Cultura Femenina*, p. 32.
20. *Ibid.*, p. 33.

Em resumo, as premissas de Castellanos são tão errôneas que ela não encontra saída nem conclusões válidas, a não ser anos mais tarde. O erro mais grave é sua aceitação dos conceitos tradicionais da masculinidade e da feminilidade, erro devido (como já vimos) a um falso biologismo. Sem nenhuma ironia, Castellanos escreve:

> Todo órgão, diz Carrel, está presente no córtex cerebral por meio do sangue e da linfa. O espírito, ao servir-se do cérebro, transforma o corpo inteiro em seu instrumento. E, se dizemos corpo, dizemos sexo, corpo de mulher, corpo de homem. É lícito, pois, falar, de acordo com o instrumento utilizado, de um espírito masculino e um espírito feminino[21].

Uma vez que aceita a existência de espíritos masculinos e femininos, trata de definir as diferenças entre eles, mas não leva bastante em conta a possibilidade de que uma visão mais materialista da história e da cultura possa explicar o que ela meramente descreve, como uma falsa objetividade:

> Quando definimos o espírito como uma consciência da limitação, da temporalidade e da morte, e como uma atividade salvadora, orientada para os valores e plasmada na cultura, falamos, quase sem exceções, de espíritos masculinos... A propósito das mulheres... são, ao lado de exemplar tão luminoso como o que mencionamos anteriormente, uma humilde sombra. Sua debilidade e estupidez são compensadas por qualidades de outra ordem, que os hedonistas sabem apreciar. Expulsos do mundo da cultura, como Eva do paraíso, não têm outro recurso senão portarem-se bem, quer dizer, serem insignificantes e pacientes, esconderem as unhas, como os gatos[22].

Nos últimos capítulos de *Sobre Cultura Femenina*, Castellanos é influenciada por Freud e seus discípulos (como Karen Horney) no sentido de ver as mulheres como narcisistas e destinadas à maternidade. Escreve, por exemplo: "Desde Safo até sua mais recente e mais ou menos escandalosa sucessora, é na literatura que encontramos os mais abundantes frutos da atividade criadora feminina exilada da maternidade"[23]. Ou seja, as únicas mulheres que participam da cultura o fazem para sublimar seus frustrados sentimentos maternos. Finalmente, chega a falar das mulheres como escritoras. Sua afirmação de que a literatura é o ramo cultural mais acessível para a mulher, e a discussão que se segue devem muito a *Three Guineas*, de Woolf, publicado em tradução espanhola, em Buenos Aires, em 1941:

21. *Ibid.*, p. 76.
22. *Ibid.*, p. 79.
23. *Ibid.*, p. 94.

A experiência mostra que as mulheres tentaram, com êxito, tanto o romance quanto a poesia. Embora jamais com sucesso muito grande. São criticadas pela pobreza de seus temas e pela falta de originalidade no modo de desenvolvê-los, pela falta de uma intenção generosa. Enfim, são acusadas de mediocridade e de imitarem de maneira demasiado pesada as obras feitas pelos homens... Só se espera delas que tenham um estilo próprio, uma marca de fábrica. Mas esta existe. É ligeiramente estranho que não tenha sido notada por quem formula essa exigência, porque a marca de fábrica é um defeito, um defeito que, por sua constância, sua invariabilidade, sua persistência em toda obra saída de mãos de mulher, tem de ser considerado e admitido como um estilo, como uma característica e um modo distintivo. Este defeito é o narcisismo[24].

Em resumo, para Castellanos a cultura feminina não existe; apenas existe uma Cultura (com maiúscula) na qual não figura a mulher, com raríssimas exceções, através da história ocidental. As exceções eram mulheres que não se tornaram mães, que sublimaram seu instinto materno. A literatura foi a via cultural mais aberta às mulheres, mas sua produção literária ("literatura feminina") mostrou-se escassa e inferior, de pouca originalidade e importância quase nula.

O primeiro ensaio de *Mujer que Sabe Latín*, "La Mujer y su Imagen", constitui, em grande parte, uma correção da tese de 1950, *Sobre Cultura Femenina*. Apresenta uma perspectiva historicista, não mais idealista, para com a cultura patriarcal:

> No decorrer da história (a história é o arquivo de todos os fatos cumpridos pelo homem e tudo o que fica fora dela pertence ao reino da conjetura, da fábula, da lenda, da mentira), a mulher foi mais que um fenômeno da natureza, mais que um componente da sociedade, mais que uma criatura humana — um mito[25].

Através dos anos, ela explorava em sua obra literária este mito, por exemplo, no extraordinário poema "Lamentación de Dido", um poema longo, escrito com versos longos, do qual cito aqui um fragmento.

> Tal é o relato dos meus feitos. Dido, o meu nome.
> Destinos
> como o meu se pronunciaram desde a antiguidade com palavras belas e nobilíssimas.
> Meu signo foi gravado no tronco da árvore
> enorme das tradições.

24. *Ibid.*, p. 95.
25. *Mujer que Sabe Latín*, p. 7.

E cada primavera, quando a árvore reverdece
é meu espírito — não o vento sem história — é meu espírito
que estremece e que faz cantar a sua folhagem[26].

Num ensaio autocrítico intitulado "Si 'Poesía no Eres Tu' Entonces ¿Qué?" Castellanos mostra a diferença entre empregar alusões literárias para mitos tradicionais e o que ela faz, que é reinterpretar uma figura mítica, desmontando-a para lhe infundir um novo teor. A poetisa se identifica com a personagem feminina Dido e assume uma posição feminista ante a vítima. Castellanos escreve sobre essa etapa poética:

> O sofrimento é tão grande que se derrama do recipiente do nosso corpo e vai em busca de recipientes maiores. Encontra as figuras paradigmáticas da tradição. Dido, que eleva a trivialidade da anedota (há algo mais trivial do que uma mulher enganada e um homem inconstante?) ao majestoso âmbito em que ressoa a sabedoria dos séculos[27].

Para responder à pergunta entre parênteses de Castellanos — sim, é bem trivial a situação, a anedota, quase de romance água-com-açúcar ou novela de televisão. Como disse há dez anos[28], um dos êxitos criadores de Castellanos é a capacidade de explorar literariamente a trivialidade. Em "Lamentación de Dido", a *persona* literária (o poema está escrito sob a forma de um monólogo dramático) se dá conta das diferenças entre os papéis sexuais dos homens, das mulheres e — precisamente como em *Sobre Cultura Femenina* — da trivialidade das "coisas de mulheres". Dido narra:

> Deste modo transcorreu a minha mocidade: no cumprimento das miúdas tarefas domésticas; na celebração dos ritos cotidianos; na assistência aos solenes acontecimentos civis[29].

Neste poema, lamenta-se que a mulher se veja forçada ao cumprimento dessas "miúdas tarefas domésticas", ao contrário dos homens, que vivem aventuras grandiosas (como Enéias), ou participam do âmbito glorioso da cultura ou do poder. Ainda em 1965, num ensaio intitulado "Historia de

26. *Poesía no Eres Tú,* p. 93.

27. *Mujer que Sabe Latín,* pp. 206-07.

28. BETH MILLER, "Voz e Imagen en la Obra de Rosario Castellanos". *Revista de la Universidad de México,* v. 30, n.º 4, pp. 33-38.

29. *Poesía no Eres Tú,* p. 93.

una Mujer Rebelde", Castellanos continua a se rebelar contra a trivialidade do espaço ao qual está limitada a mulher:

> indagamo-nos, com indignação, como é possível, a esta altura, quando o homem civilizado ultrapassa as barreiras do cosmos, que a mulher se empenhe ainda em ultrapassar o umbral doméstico, porque só para além dele pode ter acesso a uma partícula de autonomia e independência, a um mínimo de dignidade[30].

No entanto, depois de analisar e criticar a noção de cultura feminina, durante quinze anos, Castellanos começa, devagar, a defender a validade de expressar literariamente a experiência das mulheres. Em ensaios, contos e poemas, como "Economía Doméstica", ensinou que a experiência feminina mais humilde, banal e "não literária" pode servir como matéria para a escrita:

Economía Doméstica

He aquí la regla de oro, el secreto del orden:
tener un sitio para cada cosa
y tener
cada cosa en su sitio. Así arreglé mi casa.

Impecable anaquel el de los libros:
un apartado para las novelas,
otro para el ensayo
y la poesía en todo lo demás.

Si abres una alacena huele a espliego
y no confundirás los manteles de lino
con los que se usan cotidianamente.

Y hay también la vajilla de la gran ocasión
y la otra que se usa, se rompe,
y nunca está completa.

La ropa en su cajón correspondiente
y los muebles guardando las distancias
y la composición que los hace armoniosos.

Naturalmente que la superficie
(de lo que sea) está pulida y limpia.
Y es también natural
que el polvo no se esconda en los rincones.

Pero hay algunas cosas
que provisionalmente coloqué aquí y allá
o que eché en el lugar de los trebejos.

30. *El Uso de la Palabra*, p. 41.

Algunas cosas. Por ejemplo, un llanto
que no se lloró nunca;
una nostalgia de que me distraje,
un dolor, un dolor del que se borró el nombre,
un juramento no cumplido, un ansia
que se desvaneció como el perfume
de un frasco mal cerrado.

Y retazos de tiempo perdido em cualquier parte.

Esto me desazona. Siempre digo: mañana...
y luego olvido. Y muestro a las visitas,
orgullosa, una sala en la que resplandece
la regla de oro que me dio mi madre[31].

[Economia Doméstica

Esta é a regra de ouro, o segredo da ordem:
ter um lugar para cada coisa
e ter
cada coisa em seu lugar. Assim arrumei minha casa.

As impecáveis prateleiras dos livros:
um compartimento para os romances,
outro para o ensaio
e a poesia em todos os demais.

Se abrires um armário, cheira a alfazema
e não confundirás os lençóis de linho
com os que são usados no diário.

E há também a louça para as grandes ocasiões
e a outra que é usada, se quebra
e nunca está completa.

A roupa nas gavetas correspondentes
e os móveis conservando as distâncias
e a disposição que os torna harmoniosos.

Naturalmente que a superfície
(seja do que for) está polida e limpa.
E é também natural que o pó não se esconda nos cantos.

Mas há algumas coisas
que provisoriamente coloquei aqui e acolá
ou que deixei no cantinho das quinquilharias.

Algumas coisas. Por exemplo, um pranto
que jamais foi chorado;
uma esquecida nostalgia,
uma dor, uma dor cujo nome se apagou,
um juramento não cumprido, uma ânsia
que se evaporou como o perfume
de um frasco mal fechado.

E fragmentos de tempo perdidos em qualquer parte.

Isso me deixa de mau humor. Sempre digo: amanhã...
E logo esqueço. E mostro às visitas,
orgulhosa, uma sala onde resplandece
a regra de ouro que minha mãe me ditou][31].

Mesmo tendo em mente o posterior desenvolvimento de Castellanos como escritora e feminista, ler sua tese de mestrado é uma tarefa penosa para a crítica ou o crítico feminista contemporâneos. No entanto, para os/as especialistas em Castellanos, vale a pena. Além disso, as estudiosas feministas são também mulheres que escrevem e, como expressa, tão eloqüentemente, Elaine Showalter:

cada passo que a estudiosa feminista dá em direção à definição da escrita feminina é, ao mesmo tempo, um passo para o autoconhecimento; cada descrição de uma cultura e de uma tradição feminina tem uma importância paralela para nosso próprio lugar na história da crítica e na tradição crítica[32].

Castellanos, através do tempo, chegou a compreender e a partilhar essa posição, da mesma forma como fizeram as estudiosas feministas que tentaram definir, interpretar e valorizar sua obra.

Trad. Sônia Coutinho

---

31. *Poesía no Eres Tú*, pp. 301-02.

32. SHOWALTER, "Feminist Criticism in the Wilderness", *Critical Inquiry*, v. 8, n.º 2 (1981), p. 202.

COLEÇÃO DEBATES

1. *A Personagem de Ficção*, Antonio Candido e outros.
2. *Informação, Linguagem, Comunicação*, Décio Pignatari.
3. *Obra Aberta*, Umberto Eco.
4. *Sexo e Temperamento*, Margaret Mead.
5. *Fim do Povo Judeu?*, Georges Friedmann.
6. *Texto/Contexto*, Anatol Rosenfeld.
7. *O Sentido e a Máscara*, Gerd A. Borheim.
8. *Problemas da Física Moderna*, W. Heisenberg e outros.
9. *Distúrbios Emocionais e Anti-Semitismo*, N. W. Ackermann e M. Jahoda.
10. *Barroco Mineiro*, Lourival Gomes Machado.
11. *Kafka: Pró e Contra*, Günther Anders.
12. *Nova História e Novo Mundo*, Frédéric Mauro.
13. *As Estruturas Narrativas*, Tzvetan Todorov.
14. *Sociologia do Esporte*, Georges Magnane.
15. *A Arte no Horizonte do Provável*, Haroldo de Campos.
16. *O Dorso do Tigre*, Benedito Nunes.
17. *Quadro da Arquitetura no Brasil*, Nestor G. Reis Filho.

19. *Apocalípticos e Integrados*, Umberto Eco.
20. *Babel & Antibabel*, Paulo Rónai.
21. *Planejamento no Brasil*, Betty Mindlin Lafer.
22. *Lingüística. Poética. Cinema*, Roman Jakobson.
23. *LSD*, John Cashman.
24. *Crítica e Verdade*, Roland Barthes.
25. *Raça e Ciência I*, Juan Comas e outros.
26. *Shazam!*, Álvaro de Moya.
27. *Artes Plásticas na Semana de 22*, Aracy Amaral.
28. *História e Ideologia*, Francisco Iglésias.
29. *Peru: da Oligarquia Econômica à Militar*, A. Pedroso d'Horta.
30. *Pequena Estética*, Max Bense.
31. *O Socialismo Utópico*, Martin Buber.
32. *A Tragédia Grega*, Albin Lesky.
33. *Filosofia em Nova Chave*, Susanne K. Langer.
34. *Tradição, Ciência do Povo*, Luís da Câmara Cascudo.
35. *O Lúdico e as Projeções do Mundo Barroco*, Affonso Ávila.
36. *Sartre*, Gerd A. Bornheim.
37. *Planejamento Urbano*, Le Corbusier.
38. *A Religião e o Surgimento do Capitalismo*, R. H. Tawney.
39. *A Poética de Maiakóvski*, Boris Schnaiderman.
40. *O Visível e o Invisível*, M. Merleau-Ponty.
41. *A Multidão Solitária*, David Riesman.
42. *Maiakóvski e o Teatro de Vanguarda*, A. M. Ripellino.
43. *A Grande Esperança do Século XX*, J. Fourastié.
44. *Contracomunicação*, Décio Pignatari.
45. *Unissexo*, Charles F. Winick.
46. *A Arte de Agora, Agora*, Herbert Read.
47. *Bauhaus: Novarquitetura*, Walter Gropius.
48. *Signos em Rotação*, Octavio Paz.
49. *A Escritura e a Diferença*, Jacques Derrida.
50. *Linguagem e Mito*, Ernst Cassirer.
51. *As Formas do Falso*, Walnice Nogueira Galvão.
52. *Mito e Realidade*, Mircea Eliade.
53. *O Trabalho em Migalhas*, Georges Friedmann.
54. *A Significação no Cinema*, Christian Metz.
55. *A Música Hoje*, Pierre Boulez.
56. *Raça e Ciência II*, L. C. Dunn e outros.
57. *Figuras*, Gérard Genette.
58. *Rumos de uma Cultura Tecnológica*, Abraham Moles.
59. *A Linguagem do Espaço e do Tempo*, Hugh M. Lacey
60. *Formalismo e Futurismo*, Krystyna Pomorska.
61. *O Crisântemo e a Espada*, Ruth Benedict.
62. *Estética e História*, Bernard Berenson.
63. *Morada Paulista*, Luís Saia.
64. *Entre o Passado e o Futuro*, Hannah Arendt.
65. *Política Científica*, Heitor G. de Souza e outros.
66. *A Noite da Madrinha*, Sérgio Miceli.
67. *1822: Dimensões*, Carlos Guilherme Mota e outros.
68. *O Kitsch*, Abraham Moles.
69. *Estética e Filosofia*, Mikel Dufrenne.
70. *O Sistema dos Objetos*, Jean Baudrillard.
71. *A Arte na Era da Máquina*, Maxwell Fry.
72. *Teoria e Realidade*, Mario Bunge.
73. *A Nova Arte*, Gregory Battcock.
74. *O Cartaz*, Abraham Moles.

75. *A Prova de Gödel*, Ernest Nagel e James R. Newman.
76. *Psiquiatria e Antipsiquiatria*, David Cooper.
77. *A Caminho da Cidade*, Eunice Ribeiro Durhan.
78. *O Escorpião Encalacrado*, Davi Arrigucci Júnior.
79. *O Caminho Crítico*, Northrop Frye.
80. *Economia Colonial*, J. R. Amaral Lapa.
81. *Falência da Crítica*, Leyla Perrone Moisés.
82. *Lazer e Cultura Popular*, Joffre Dumazedier.
83. *Os Signos e a Crítica*, Cesare Segre.
84. *Introdução à Semanálise*, Julia Kristeva.
85. *Crises da República*, Hannah Arendt.
86. *Fórmula e Fábula*, Willi Bolle.
87. *Saída, Voz e Lealdade*, Albert Hirschman.
88. *Repensando a Antropologia*, E. R. Leach.
89. *Fenomenologia e Estruturalismo*, Andrea Bonomi.
90. *Limites do Crescimento*, Donella H. Meadows e outros (Clube de Roma).
91. *Manicômios, Prisões e Conventos*, Erving Goffman.
92. *Maneirismo: O Mundo como Labirinto*, Gustav R. Hocke.
93. *Semiótica e Literatura*, Décio Pignatari.
94. *Cozinhas, etc.*, Carlos A. C. Lemos.
95. *As Religiões dos Oprimidos*, Vittorio Lanternari.
96. *Os Três Estabelecimentos Humanos*, Le Corbusier.
97. *As Palavras sob as Palavras*, Jean Starobinski.
98. *Introdução à Literatura Fantástica*, Tzvetan Todorov.
99. *Significado nas Artes Visuais*, Erwin Panofsky.
100. *Vila Rica*, Sylvio de Vasconcellos.
101. *Tributação Indireta nas Economias em Desenvolvimento*, J. F. Due.
102. *Metáfora e Montagem*, Modesto Carone.
107. *Ensaios Críticos e Filosóficos*, Ramón Xirau.
104. *Valise de Cronópio*, Julio Cortázar.
105. *A Metáfora Crítica*, João Alexandre Barbosa.
106. *Mundo, Homem, Arte em Crise*, Mário Pedrosa.
107. *Ensaios Críticos e Filosóficos*, Ramón Xirau.
108. *Do Brasil à América*, Frédéric Mauro.
109. *O Jazz, do Rag ao Rock*, Joachim E. Berendt.
110. *Etc..., Etc... (Um Livro 100% Brasileiro)*, Blaise Cendrars.
111. *Território da Arquitetura*, Vittorio Gregotti.
112. *A Crise Mundial da Educação*, Philip H. Coombs.
113. *Teoria e Projeto na Primeira Era da Máquina*, Reyner Banham.
114. *O Substantivo e o Adjetivo*, Jorge Wilheim.
115. *A Estrutura das Revoluções Científicas*, Thomas S. Kuhn.
116. *A Bela Época do Cinema Brasileiro*, Vicente de Paula Araújo.
117. *Crise Regional e Planejamento*, Amélia Cohn.
118. *O Sistema Político Brasileiro*, Celso Lafer.
119. *Êxtase Religioso*, Ioan M. Lewis.
120. *Pureza e Perigo*, Mary Douglas.
121. *História, Corpo do Tempo*, José Honório Rodrigues.
122. *Escrito sobre um Corpo*, Severo Sarduy.
123. *Linguagem e Cinema*, Christian Metz.
124. *O Discurso Engenhoso*, Antonio José Saraiva.
125. *Psicanalisar*, Serge Leclaire.
126. *Magistrados e Feiticeiros na França do Século XVII*, R. Mandrou
127. *O Teatro e sua Realidade*, Bernard Dort.
128. *A Cabala e seu Simbolismo*, Gershom G. Scholem.

129. *Sintaxe e Semântica na Gramática Transformacional*, A. Bonomi e G. Usberti.
130. *Conjunções e Disjunções*, Octavio Paz.
131. *Escritos sobre a História*, Fernand Braudel.
132. *Escritos*, Jacques Lacan.
133. *De Anita ao Museu*, Paulo Mendes de Almeida.
134. *A Operação do Texto*, Haroldo de Campos.
135. *Arquitetura, Industrialização e Desenvolvimento*, Paulo J. V. Bruna.
136. *Poesia-Experiência*, Mário Faustino.
137. *Os Novos Realistas*, Pierre Restany.
138. *Semiologia do Teatro*, Org. J. Guinsberg e J. Teixeira Coelho Netto.
139. *Arte-Educação no Brasil*, Ana Mae T. B. Barbosa.
140. *Borges: Uma Poética da Leitura*, Emir Rodríguez Monegal.
141. *O Fim de uma Tradição*, Robert W. Shirley.
142. *Sétima Arte: Um Culto Moderno*, Ismail Xavier.
143. *A Estética do Objetivo*, Aldo Tagliaferri.
144. *A Construção do Sentido na Arquitetura*, J. Teixeira Coelho Netto.
145. *A Gramática do Decameron*, Tzvetan Todorov.
146. *Escravidão, Reforma e Imperialismo*, Richard Graham.
147. *História do Surrealismo*, Maurice Nadeau.
148. *Poder e Legitimidade*, José Eduardo Faria.
149. *Práxis do Cinema*, Noel Burch.
150. *As Estruturas e o Tempo*, Cesare Segre.
151. *A Poética do Silêncio*, Modesto Carone.
152. *Planejamento e Bem-Estar Social*, Henrique Rattner.
153. *Teatro Moderno*, Anatol Rosenfeld.
154. *Desenvolvimento e Construção Nacional*, S. N. Eisenstadt.
155. *Uma Literatura nos Trópicos*, Silviano Santiago.
156. *Cobra de Vidro*, Sérgio Buarque de Holanda.
157. *Testando o Leviathan*, Antonia Fernanda Pacca de Almeida Wright.
158. *Do Diálogo e do Dialógico*, Martin Buber.
159. *Ensaios Lingüísticos*, Louis Hjelmslev.
160. *O Realismo Maravilhoso*, Irlemar Chiampi.
161. *Tentativas de Mitologia*, Sérgio Buarque de Holanda.
162. *Semiótica Russa*, Boris Schnaiderman.
163. *Salões, Circos e Cinemas de São Paulo*, Vicente de Paula Araújo.
164. *Sociologia Empírica do Lazer*, Joffre Dumazedier.
165. *Física e Filosofia*, Mario Bunge.
166. *O Teatro Ontem e Hoje*, Célia Berrettini.
167. *O Futurismo Italiano*, Org. Aurora Fornoni Bernardini.
168. *Semiótica, Informação e Comunicação*, J. Teixeira Coelho Netto.
169. *Lacan: Operadores da Leitura*, Américo Vallejo e Lígia Cademartore Magalhães.
170. *Dos Murais de Portinari aos Espaços de Brasília*, Mário Pedrosa.
171. *O Lírico e o Trágico em Leopardi*, Helena Parente Cunha.
172. *A Criança e a FEBEM*, Marlene Guirado.
173. *Arquitetura Italiana em São Paulo*, Anita Salmoni e E. Debenedetti.
174. *Feitura das Artes*, José Neistein.
175. *Oficina: Do Teatro ao Te-Ato*, Armando Sérgio da Silva.
176. *Conversas com Igor Stravinski*, Robert Craft e Igor Stravinski.
177. *Arte como Medida*, Sheila Leirner.
178. *Nzinga*, Roy Glasgow.
179. *O Mito e o Herói no Moderno Teatro Brasileiro*, Anatol Rosenfeld.

180. *A Industrialização do Algodão na Cidade de São Paulo*, Maria Regina de M. Ciparrone Mello.
181. *Poesia com Coisas*, Marta Peixoto.
182. *Hierarquia e Riqueza na Sociedade Burguesa*, Adeline Daumard.
183. *Natureza e Sentido da Improvisação Teatral*, Sandra Chacra.
184. *O Pensamento Psicológico*, Anatol Rosenfeld.
185. *Mouros, Franceses e Judeus*, Luís da Câmara Cascudo.
186. *Tecnologia, Planejamento e Desenvolvimento Autônomo*, Francisco Sagasti.
187. *Mário Zanini e seu Tempo*, Alice Brill.
188. *O Brasil e a Crise Mundial*, Celso Lafer.
189. *Jogos Teatrais*, Ingrid Dormien Koudela.
190. *A Cidade e o Arquiteto*, Leonardo Benevolo.
191. *Visão Filosófica do Mundo*, Max Scheler.
192. *Stanislavski e o Teatro de Arte de Moscou*, J. Guinsburg.
193. *O Teatro Épico*, Anatol Rosenfeld.
194. *O Socialismo Religioso dos Essênios: A Comunidade de Qumran*, W. J. Tyloch.
195. *Poesia e Música*, Org. de Carlos Daghlian.
196. *A Narrativa de Hugo de Carvalho Ramos*, Albertina Vicentini.
197. *Vida e História*, José Honório Rodrigues.
198. *As Ilusões da Modernidade*, João Alexandre Barbosa.
199. *Exercício Findo*, Décio de Almeida Prado.
200. *Marcel Duchamp: Engenheiro do Tempo Perdido*, Pierre Cabanne.
201. *Uma Consciência Feminista: Rosario Castellanos*, Beth Miller.